0～5歳児

おたより文例&イラスト集

CD-ROMつき

阿部直美　監修

ひかりのくに

P002-01

P002-02

P002-03

P002-04

自由に文字を入れ
いろいろに使えます！

P002-05

P003-01

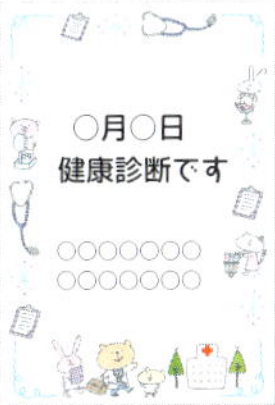

保健のお知らせや
給食のお知らせに！

P003-02

P003-03

P003-04

P003-05

●カラー● メッセージカード

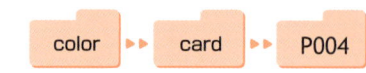

P004-01

P004-02

P004-03

P004-04

P004-05

P004-06

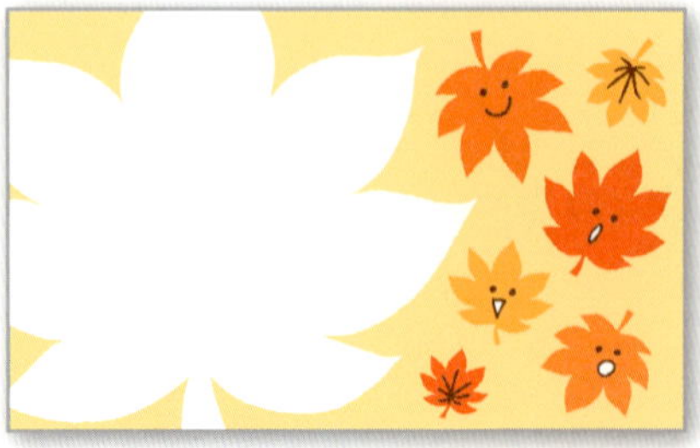
P004-07

P004-08

P004-09

P004-10

P004-11

P004-12

P005-01

P005-02

P005-03

P005-04

P005-05

P005-06

P005-07

P005-08

P005-09

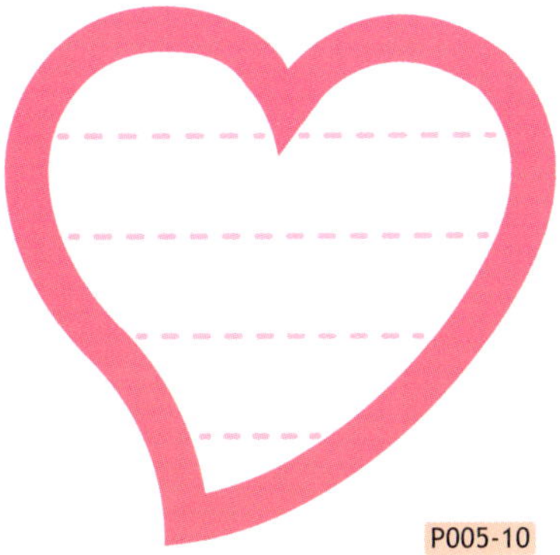

P005-10

P005-11

P005-12

誕生日カード

P006-01

写真をはって、ひとりひとりにスペシャルなカード！

P006-02

P006-03

誕生日に成長を実感できる！

P006-04

シンプルなポストカードサイズ。封筒に入れて、取り出すときのわくわく感を演出しても楽しい。

P007-01

P007-02

イラストを選んで
自由に並べて
オリジナルカードも
作れます！

P007-03

P007-04

P007-05

P007-06

P007-07

P007-08

P007-09

●カラー● 暑中見舞い

P008-01

P008-02

P008-03

P008-04

P008-05

P008-06

P008-07

P008-08

クリスマスカード

P009-01

P009-02

P009-03

P009-04

P009-05

P009-06

P009-07

P009-08

年賀状

P010-01

P010-02

P010-03

P010-04

P010-05

干支は差し替えて使えます！

P010-06

P010-07

P010-08

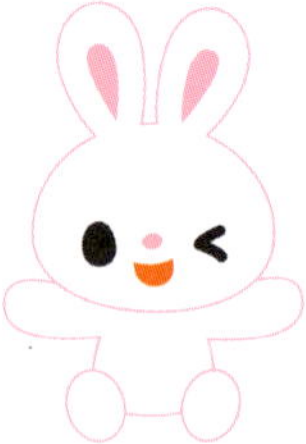

P010-09

P010-10

P010-11

P010-12

P010-13

P010-14

P010-15

P010-16

P010-17

P011-01

P011-02

P011-03

P011-04

P011-05

干支は差し替えて使えます！

P011-06

P011-07

P011-08

P011-09

P011-10

P011-11

P011-12

P011-13

P011-14

P011-15

P011-16

P011-17

●カラー● 入園式プログラム

入園式でのお願い

●受付で名札をお渡しいたしますので、左胸の辺りに付けてください。

●写真・ビデオの撮影は、保護者席にて行なっていただきますよう、お願いいたします。

●園内はすべて禁煙です。ご理解のほど、お願いいたします。

●式のあと、各クラスでの集合写真撮影を行ないますので、保護者の方もごいっしょにお願いいたします。

平成○○年度

第○○回

入園式

日時　4月　○日　○時より

場所　○○○○○園遊戯室

○○○○○園

P012-01

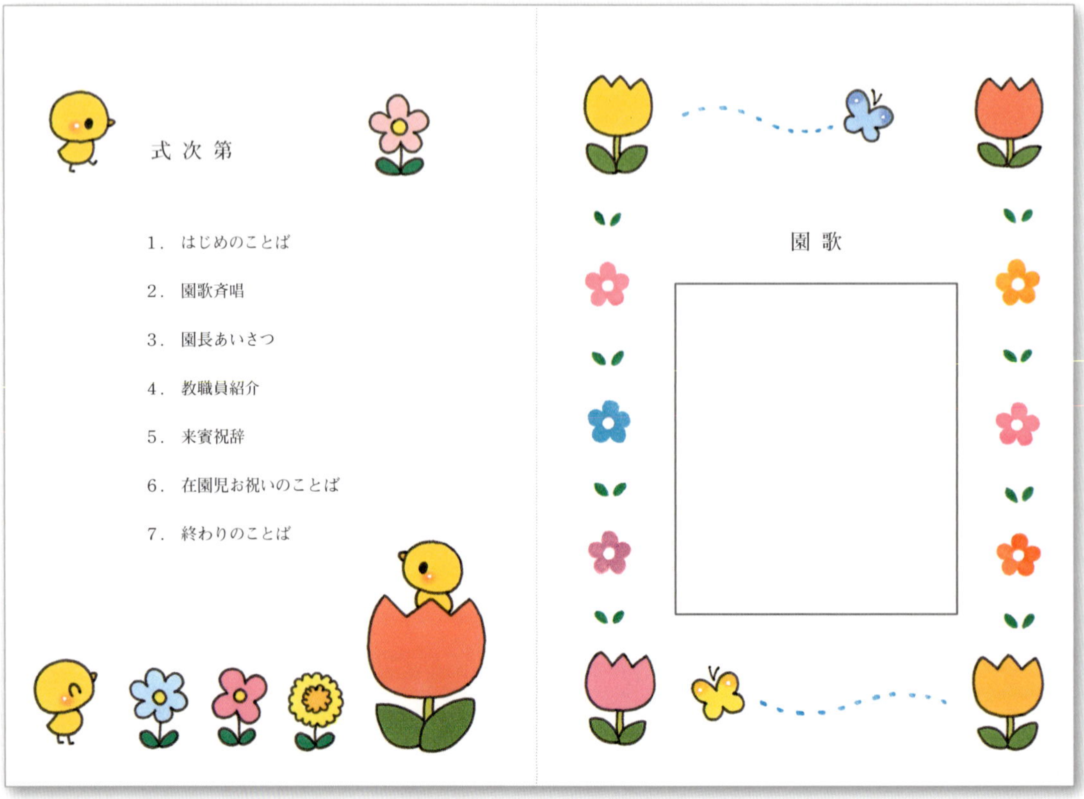

式次第

1．はじめのことば

2．園歌斉唱

3．園長あいさつ

4．教職員紹介

5．来賓祝辞

6．在園児お祝いのことば

7．終わりのことば

園歌

P012-02

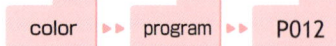

●カラー● 運動会プログラム

会場案内図

注意事項

○会場周辺は駐車禁止です。お車で来られる場合は、付近の駐車場をご利用ください。
○会場内は禁煙です。おたばこを吸われるときは、指定の喫煙場所でお願いします。
○雨天の場合、中止の決定は電話連絡網にてお知らせします。

第○○回　うんどうかい

日時　○○年　○月○日　○：○○〜○：○○

場所　○○○グラウンド

○○○○○園

P013-01

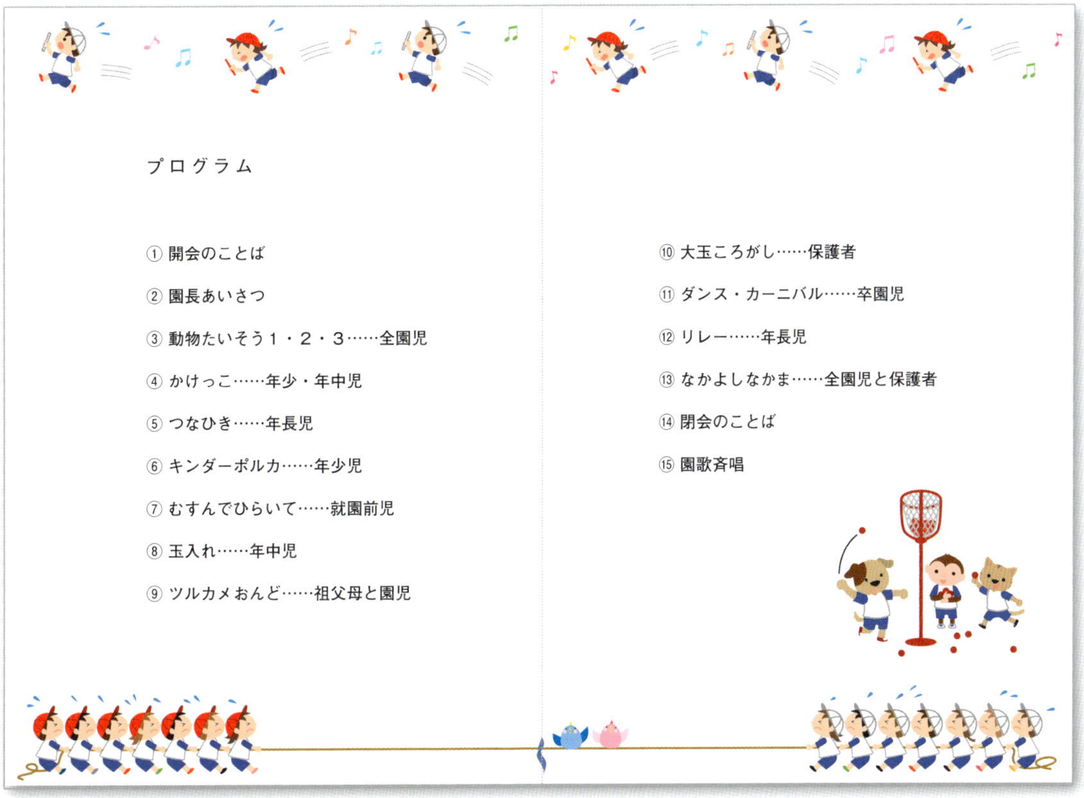

プログラム

① 開会のことば
② 園長あいさつ
③ 動物たいそう１・２・３……全園児
④ かけっこ……年少・年中児
⑤ つなひき……年長児
⑥ キンダーポルカ……年少児
⑦ むすんでひらいて……就園前児
⑧ 玉入れ……年中児
⑨ ツルカメおんど……祖父母と園児
⑩ 大玉ころがし……保護者
⑪ ダンス・カーニバル……卒園児
⑫ リレー……年長児
⑬ なかよしなかま……全園児と保護者
⑭ 閉会のことば
⑮ 園歌斉唱

P013-02

●カラー● 作品展プログラム

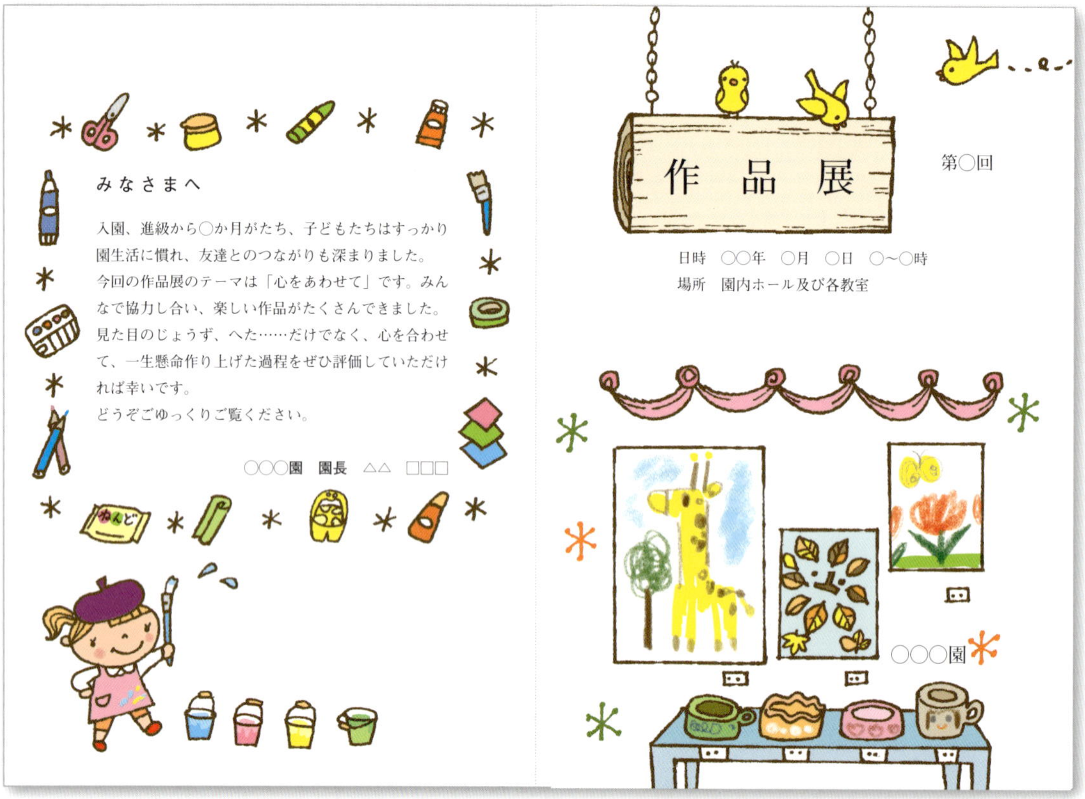

P014-01

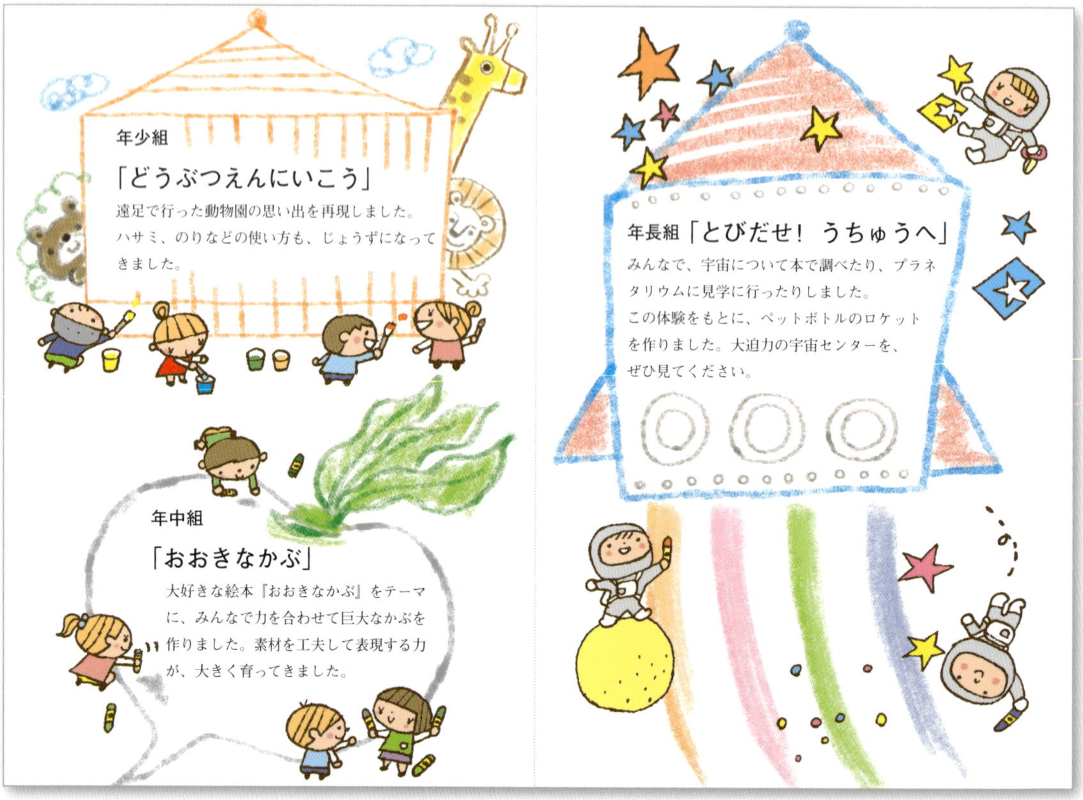

P014-02

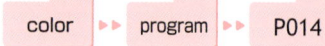

●カラー● 発表会プログラム

表現する楽しさを

本園では、年間最後の行事として、ひとりひとりの成長、クラス全体の成長ぶりを参観していただきたいと考えております。

○ねらい

・劇遊びを通して、表現する楽しさを味わう

・子どもの興味、発想を生かした、生き生きとした劇遊びを行なう

・いろいろな方法で表現することを知り、生活を広げていく

・ほかのクラスや異年齢児クラスと交流して、お互いに影響を受け合うとともに、親しみを持つ

ひとりひとりの子どもたちに、温かい声援をお願いします。

○○園　園長

第○回 発表会プログラム

□□年　□月　□日　□～□時

園ホールにて

P015-01

プログラム

1　はじめのことば

2　歌「大きな栗の木の下で」（年少組）

3　合奏「アビニヨンの橋で」（年中組）

4　歌「リボンのきもち」（年長組）

5　劇「おおきな　おおきな　おいも」（年中組）

6　オペレッタ「グリーンマントのピーマンマン」（年長組）

－休憩－

7　合唱「トロイメライ」（父母の会）

8　ペープサート「さんびきの　やぎ」（年少組）

9　合奏「かえるのマーチ」（年長組）

10　劇「ねずみのよめいり」（全園児）

11　おわりのことば

P015-02

●カラー● 卒園式プログラム

園　歌
平成◯年度
卒　園　式
平成◯年　◯月　◯日
□□□□園

P016-01

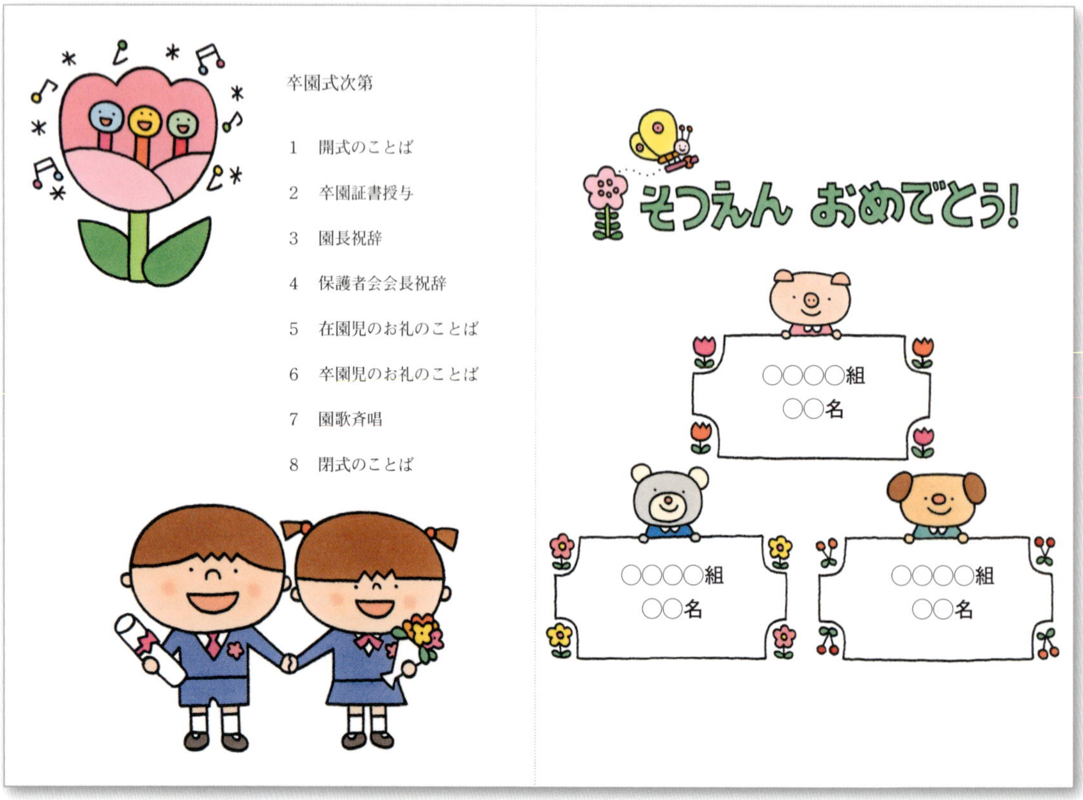
卒園式次第
1　開式のことば
2　卒園証書授与
3　園長祝辞
4　保護者会会長祝辞
5　在園児のお礼のことば
6　卒園児のお礼のことば
7　園歌斉唱
8　閉式のことば
そつえん おめでとう!
◯◯◯◯組
◯◯名
◯◯◯◯組
◯◯名
◯◯◯◯組
◯◯名

P016-02

本書の特長と使い方

この本は…

保育現場へのアンケートから、要望が強かった内容を網羅しています!!

アンケートの声
「かわいいイラストと使える文例がとにかくいっぱいほしい!」

たっぷり1673点のイラストと、373点の文例を掲載!

他を圧倒する点数のイラスト・文例がすべてCD-ROMに収録されているので、パソコンですぐにおたよりが作れます! CD-ROM限定の文例も収録されています(P152参照)。

アンケートの声
「おたよりの実例や、作る際のポイントが知りたい」

ポイント解説つきのおたよりテンプレートが12か月分!

掲載されているイラスト・文例を使ったおたよりがテンプレートになって12か月分掲載。また、おたより作りのポイントつきでわかりやすい!

アンケートの声
「健康や食育など専門知識が必要な事の情報がほしい」

健康・食育・生活習慣のイラスト・文例も充実!

健康・食育については各月に合った内容を毎月掲載。生活習慣は項目ごとにまとめて掲載しているのでいつでも使えます。

アンケートの声
「各月の文例が、テーマごとにまとまっていたらいいのに…」

ほしい文例がすぐ探せる! テーマ別文例さくいん (P152~)

すべての文例を行事・子どものようす・食育・健康などのテーマ別に再編集しました。「ここに食育のコラムを入れたいけど…」といったときに一覧で探せて便利です!

その他、現場からのいろいろな声におこたえして、毎月の豊富なイラストや文例、飾りケイ、タイトル文字、囲みイラストなどよくばりな内容満載!
さらにカラーイラストも充実…

おたより作りを全面サポートします!!

本書の表示の見方

otayori ▸▸ template ▸▸ P022

各ページに掲載されているイラストや文例、テンプレートを収録しているCD-ROM内のフォルダを表しています。

P022-01

掲載されているイラストや文例、テンプレートのCD-ROM内でのファイル名を表しています。

※お使いのパソコンの環境等によって、カラーイラストの色味やレイアウトなどが掲載されているものと多少異なる場合がありますのでご了承ください。

Contents

12月

カット（クリスマス／大そうじ／年越し／季節・自然／子どものようす／誕生日）……086
ワクとケイ……090
囲みイラスト＋文例……091
おたより文例……092

1月

カット（正月／季節・自然／子どものようす／誕生日）…093
ワクとケイ……097
囲みイラスト＋文例……098
おたより文例……099

2月

カット（節分／バレンタインデー／１日入園／季節・自然／子どものようす／誕生日）……100
ワクとケイ……104
囲みイラスト＋文例……105
おたより文例……106

3月

カット（ひな祭り／春休み／季節・自然／子どものようす／誕生日）……107
ワクとケイ……111
囲みイラスト＋文例……112
おたより文例……113

＊シンプルケイ線コレクション：114

園行事・生活習慣など

園行事……116

入園：116
遠足：118
参観：120
お泊まり保育：122
運動会：124
作品展：126
発表会：128
卒園：130

生活習慣……132

排せつ：132
着脱：134
睡眠：136
食事：138
清潔：140

その他……142

カットいろいろ……142

乗り物・遊具など：142
野菜・果物：143
動物・鳥：144
植物・昆虫：145

描き文字フォント……146

各種フォーマット……148

名簿：148
連絡網：149
行事予定：150
献立表：151

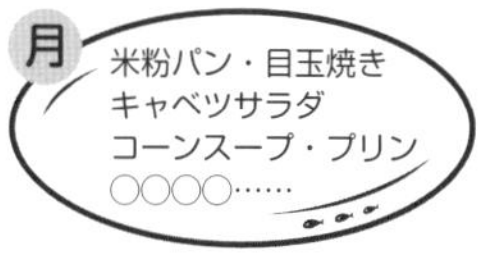

ほしい文例がすぐ探せる！

テーマ別文例さくいん

園の行事：152
季節の行事：152
季節・自然：153
子どものようす：153
食育：154
健康：154
生活習慣：155
保護者へ：155
月の目標：155
誕生日：155

※本誌掲載文例にCD-ROM限定の文例も含めたさくいんです。

CD-ROMの使い方……156

CD-ROMの構成

※ CD-ROM内では、ファイル名及びフォルダ名は、数字順またはアルファベット順に並んでいます。ご了承ください。
※ CD-ROMの使用に際しましては、P156をご覧ください。

0-5illust

CD-ROMを開くと＊の7つのフォルダが入っています。
その中に項目別フォルダ、ページごとのフォルダがあります。

＊ **color** カラーページのデータ
- ポスター
  - poster ― P002 〜 P003 ― P002-01 / P002-02 / P002-03 / ⋮
- カード
  - card ― P004 〜 P011
- プログラム
  - program ― P012 〜 P016

フォルダ内には「P000-00」という形のファイルが。これがそれぞれのカットや文例の番号です。

＊ **otayori** 月のおたよりのデータ
- クラスだより 12か月・園だよりテンプレート
  - template ― P022 〜 P029
- カットと文例 4月
  - 04gatsu ― P030 〜 P036
- ⋮
- カットと文例 3月
  - 03gatsu ― P107 〜 P113

＊ **gentei** CD-ROM限定文例
- 行事
  - gyouji
- 子ども
  - kodomo
- 食育
  - syokuiku
- 健康
  - kenkou

＊ **engyouji** 園行事のデータ
- 入園
  - nyuen ― P116 〜 P117
- ⋮
- 卒園
  - sotsuen ― P130 〜 P131

＊ **seikatsu** 生活習慣のデータ
- 排せつ
  - haisetsu ― P132 〜 P133
- ⋮
- 清潔
  - seiketsu ― P140 〜 P141

＊ **sonota** その他
- カットいろいろ
  - cut ― P142 〜 P145
- 描き文字フォント
  - kakimoji ― P146 〜 P147
- 各種フォーマット
  - format ― P148 〜 P151

シンプルケイ線

＊ **keisen** ― P114

園行事・生活習慣　フォルダ名早見表

入園 -nyuen	運動会 -undo	排せつ -haisetsu	食事 -syokuji
遠足 -ensoku	作品展 -sakuhin	着脱 -chakudatsu	清潔 -seiketsu
参観 -sankan	発表会 -happyo	睡眠 -suimin	
お泊まり保育 -otomari	卒園 -sotsuen		

月のおたより

毎月のおたより作りを サポートする
素材をたっぷり集めました

クラスだより 掲載されているカットと文例を使ったテンプレートです。

4月 1年のスタート！ 安心を届ける内容を

otayori ▶▶ template ▶▶ P022

ポイント1

進級で担任が変わる場合は、必ずひと言あいさつを。人柄がイメージでき、親しみを持てる自己紹介を目ざしましょう！

ポイント2

進級を喜んだり、お兄さん、お姉さんになった自覚を表す子どもの姿、行動などを伝えたりすることで、保護者に子どもたちの成長を実感してもらうことができます。

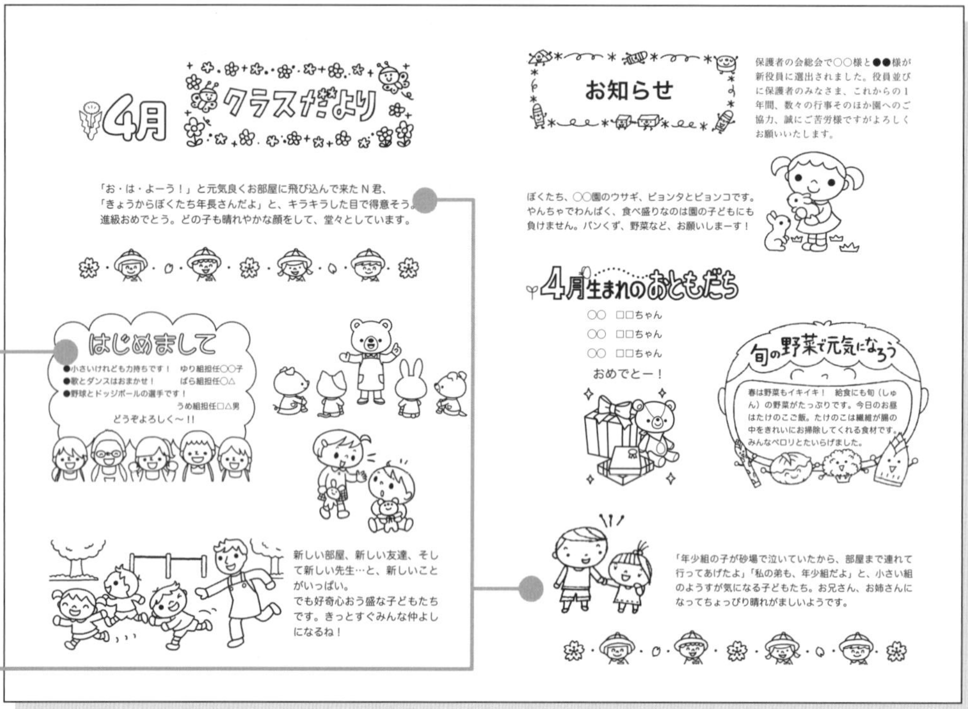

4月 クラスだより

「お・は・よーう！」と元気良くお部屋に飛び込んで来たＮ君、「きょうからぼくたち年長さんだよ」と、キラキラした目で得意そう。進級おめでとう。どの子も晴れやかな顔をして、堂々としています。

はじめまして

●小さいけれども力持ちです！ ゆり組担任○○子
●歌とダンスはおまかせ！ ばら組担任○△
●野球とドッジボールの選手です！ うめ組担任□△男

どうぞよろしく～!!

新しい部屋、新しい友達、そして新しい先生…と、新しいことがいっぱい。
でも好奇心おう盛な子どもたちです。きっとすぐみんな仲よしになるね！

お知らせ

保護者の会総会で○○様と●●様が新役員に選出されました。役員並びに保護者のみなさま、これからの1年間、数々の行事そのほか園へのご協力、誠にご苦労様ですがよろしくお願いいたします。

ぼくたち、○○園のウサギ、ピョンタとピョンコです。やんちゃでわんぱく、食べ盛りなのは園の子どもにも負けません。パンくず、野菜など、お願いしまーす！

4月生まれのおともだち

○○ □□ちゃん
○○ □□ちゃん
○○ □□ちゃん

おめでとー！

旬の野菜で元気になろう

春は野菜もイキイキ！ 給食にも旬（しゅん）の野菜がたっぷりです。今日のお昼はたけのこご飯。たけのこは繊維が腸の中をきれいにお掃除してくれる食材です。みんなペロリとたいらげました。

「年少組の子が砂場で泣いていたから、部屋まで連れて行ってあげたよ」「私の弟も、年少組だよ」と、小さい組のようすが気になる子どもたち。お兄さん、お姉さんになってちょっぴり晴れがましいようです。

P022-01

5月 園と家庭とを結ぶ「かけ橋」としてのおたよりに

P022-02

ポイント1

子どもたちの言葉をそのまま文中に入れるなど、具体的で、子どものようすがイメージできる表現を心がけましょう。

ポイント2

保育室や園庭での掲示の内容を伝え、保護者が園に来たときに気軽に見られるよう呼びかけることで、開かれた園のイメージを伝えることができます。

5月 クラスだより

今月の目標

○戸外でのびのびと体を動かして遊ぶ
○春の自然に親しむ
○先生や友達とふれあいながら、いろいろな遊びを楽しむ

友達関係も広がり、数人でのグループ遊びを好むようになってきた子どもたち。その一方で、「たたかれた」「おもちゃをとられた」と、けんかになることも。双方の思いをくみ取りながら指導をしたいと思います。ぶつかり合いの中で、子どもたちは集団の約束事や、相手への思いやりの心を習得していくのではないでしょうか。どうか温かく見守ってあげてください。

5月生まれのおともだち

○○ □□ちゃん
○○ □□ちゃん
○○ □□ちゃん
○○ □□ちゃん

おめでとう！

おねがい

家に持ち帰る小さなこいのぼりと、園に飾る大きなこいのぼりを作ります。ハサミやのりの使い方もじょうずになってきた子どもたちです。力作を期待していてください。大型こいのぼりは園庭に飾りますので、ぜひ見に来てください。

大好き、お母さん

母の日に合わせて、"お母さん大好き！"の会を開きます。「お母さんのどこが好き？」と聞いたら、「まゆ毛！」「おなか！」といったユニークな答えが続出。そんな子どもたちが心を込めて作ったカーネーション。どうぞ、にっこり笑って受け取ってくださいね。

母の日

1907（明治40）年にアメリカのアンナ・ジャービスという少女が、母の命日に集まった人々に白いカーネーションを配ったことが始まりといわれています。1914（大正3）年には、ウィルソン大統領が5月の第2日曜日を母の日と制定しました。ちなみにカーネーションの花ことばは「母の愛」です。

ショウブ湯で元気になろう

端午の節句にはショウブ湯につかりますが、ショウブは薬草でもあり、強い香りが魔よけになると言われています。まっすぐで、つやつやと輝くショウブの葉のように、○○組のみんなもすくすく伸びてね。

このごろのお弁当タイムには、あちこちでほれぼれするような食べっぷりが見られます。新学期の緊張が解け、友達ともよく遊ぶようになったせいでしょう。少し残すことがあっても、「残さず食べる」というプレッシャーをあまりかけずに、おおらかな気持ちで受け止めてください。

おしらせ

○日に園外保育を行ないます。青空の下、自然の中で思いっ切り遊びたいと思います。当日は活動しやすい衣服を着せてください。またお弁当の詰め込みすぎには気をつけて！ いつもと同量でだいじょうぶです。

各月のポイントをよく読んで、おたより作成の参考にしてください。

otayori ▸▸ template ▸▸ P023

役にたつ情報でお得感も 6月

おしらせ

今度の日曜日は、"父の日参観"です。日ごろじっくりとお子さんと接する時間の少ないお父様方に、たっぷりとふれあっていただくメニューを多数ご用意いたしました！　どうぞ動きやすい服装でおいでください。

かえるがうまれた!!

「オタマジャクシから足が出たよ」「手が生えてきた」と子どもたちは大パニック。水槽をのぞき込んでは生命の変化に驚き、喜ぶ毎日。ある日とうとう春から飼っていたオタマジャクシはカエルになりました。そこで、園庭の池にみんなで放してあげました。ちょっぴり寂しそうだった子どもたち……また会えるといいね。

6月生まれ おめでとう

お日さま　ワッと顔を出し
アジサイ　キラキラ光り出す
カタツムリさんも　やってきて
さあ　はじめよう
たんじょうパーティー
おめでとう　おめでとう
6月生まれの　おともだち

クラスだより　6月

急にザアッと雨が降ってくると、大人は慌てて家の中に入りますが、子どもは……ほとんどの子が一度は外へ飛び出します。雨を触ったり、雨を見たりして喜んでいます。
雨にぬれて学ぶこともたくさんあるのです。園では小雨のときは、傘をさして散歩するなど、雨と遊ぶ工夫をした保育をしています。

おねがいします

泥んこ遊びや、水遊びをする日が増えるので、着替えの服をいつもより多めに持たせてください。

ストップ食中毒

STOP

気温も湿度も高くなるこの時期は、食べ物にカビが生えたり、腐りやすくなったりします。「冷蔵庫に入れておけば安心」は禁物！　できるだけ早めに食べるようにし、お弁当には、直前によく火を通したものを入れるようにしてください。

虫歯予防デー

6月4日の、6・4の音に合わせ、虫歯予防デーとしたのは、1928（昭和3）年で、現在では歯の衛生週間の第1日目となっています。
虫歯予防には、規則正しい生活をすることが大切です。食事の時間、おやつの時間をきちっと決めて、だらだらと不規則な生活をさせないように習慣づけていきましょう。
また、よい歯質は、バランスの取れた食事から生まれます。
1日30品目とることを心がけたいですね。
もちろん食べた後は、歯磨きを忘れずに。

食育

「栄養」という言葉に興味を持ち始めた子どもたちのために、園では「赤の血や肉を作る食べもの」「黄色の働く力や熱になる食べもの」「緑の体の調子を整える食べもの」…と食品を3つの食べもののグループに分けて説明しています。

赤　血や肉を作る食べもの
黄　働く力や熱になる食べもの
緑　体の調子を整える食べもの

P023-01

ポイント1

健康や食育に対する保護者の意識が高まっています。家庭でのしつけにも役だつこうした情報を伝えることで、おたよりへの関心を高めることもできます。

ポイント2

泥んこ遊び、雨の中の戸外遊びなどは、保護者にその意義をきちんと伝え、理解を得るようにしましょう。

P023-02

言葉づかいはていねいに、言うべきことははっきりと 7月

7月

クラスだより

プールが始まります

プール開きは、もうすぐです。楽しく水遊びするためには、健康チェックが大切です。体調の悪いときは無理をせず、目・耳・皮膚などの病気は、早めに治療しておきましょう。
プールが始まりましたら、天候にかかわらず、毎日水着を持たせていただくと同時に、プールカードへの体温記入や捺印なども、お願いいたします。

ご注意を

暑いからと、クーラーの利いた部屋の中ばかりにいたり、冷たいものばかりをとったりしていたのでは、心や体によくありません。気が緩みがちになる暑い夏ですが、時間や生活リズムの調整にご注意ください。

七夕

「運転士さんになりたい」「バレリーナになりたい」など、かわいいお願い事の書かれた短冊が、風に揺れています。園庭のササ飾りをぜひ見に来てください。

おねがい

おうちの方と子どもたちがいっしょに、1学期間使った保育室をきれいにして終業式を迎えたいと思います。ぞうきんの絞り方、ふき方などいっしょにお掃除しながら子どもたちに教えてください。ご協力をお願いします。

"水鉄砲"を作ります!!
材料はかんたん!!　ご家庭にある食器用洗剤などのからになったものなら何でもOK！　押すと中の水がピュッと出てくるような容器を子どもたちに持たせてください。

海の日

7月の第三月曜日は「海の日」。『うみ』の歌を元気にうたう子どもたちは、「海がないと海水浴できないもん」「お魚だって食べられないよ」と、ちゃんと海の大切さを知っていました。
H君が、「夏休みに海に行くから、ありがとうって言っておく」とみんなの代表でお礼を言ってくれることになりました。
頼んだよH君！

ちゃんと守れるかな？

子どもたちと「夏の約束」をしました。
☆ 夜更かしをせず、早寝早起きをする。
☆ 戸外に出るときは、帽子をかぶる。
☆ 出かけるときは、大人といっしょに。
近くに行くときは、行き先を必ず言って出かける。
みんな「ちゃんと守るよ」と張り切っています。ご協力をお願いします。

7月うまれのおともだち

○○　□□ちゃん
○○　□□ちゃん
○○　□□ちゃん
○○　□□ちゃん

ポイント1

園での指導を徹底しても、家庭の協力がなければ、子どもたちの身につかないこともたくさんあります。必要なことははっきり伝えましょう。

ポイント2

誕生児の紹介は、クラスの子どもたちに関心を持ってもらうのによい方法です。「○○ちゃんって…」と、保護者と子どもたちの会話のきっかけになることも。

8月 さまざまな夏休み事情に配慮を

ポイント1

夏期保育は、各ご家庭の都合や事情、参加者の状況によって通常保育とは異なる場合があります。保育のしかたや内容をきちんと伝えておきましょう。

ポイント2

子どもたちからは、大人には思いもつかない豊かな発想が飛び出してきます。その言葉を保護者の方にも伝え、楽しさを分かち合いましょう。

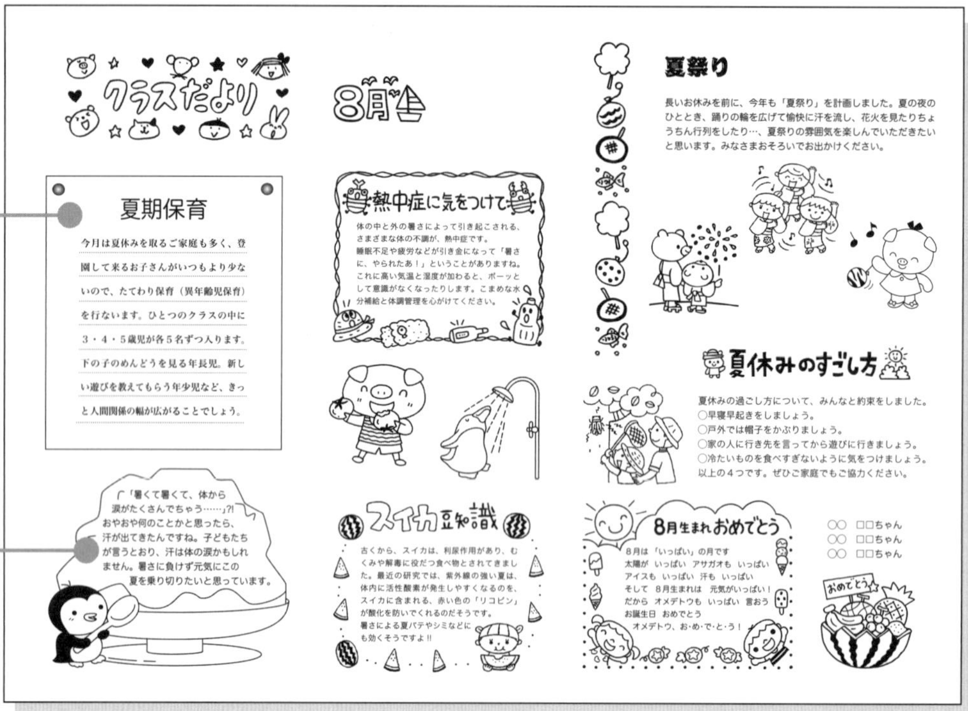

クラスだより

8月

夏期保育

今月は夏休みを取るご家庭も多く、登園して来るお子さんがいつもより少ないので、たてわり保育（異年齢児保育）を行ないます。ひとつのクラスの中に3・4・5歳児が各5名ずつ入ります。下の子のめんどうを見る年長児。新しい遊びを教えてもらう年少児など、きっと人間関係の幅が広がることでしょう。

「暑くて暑くて、体から涙がたくさんでちゃう……」?! おやおや何のことかと思ったら、汗が出てきたんですね。子どもたちが言うとおり、汗は体の涙かもしれません。暑さに負けず元気にこの夏を乗り切りたいと思っています。

熱中症に気をつけて

体の中と外の暑さによって引き起こされる、さまざまな体の不調が、熱中症です。
睡眠不足や疲労などが引き金になって「暑さに、やられたあ！」ということがありますね。これに高い気温と湿度が加わると、ボーッとして意識がなくなったりします。こまめな水分補給と体調管理を心がけてください。

スイカ豆知識

古くから、スイカは、利尿作用があり、むくみや解毒に役だつ食べ物とされてきました。最近の研究では、紫外線の強い夏は、体内に活性酸素が発生しやすくなるのを、スイカに含まれる、赤い色の「リコピン」が酸化を防いでくれるのだそうです。
暑さによる夏バテやシミなどにも効くそうですよ!!

夏祭り

長いお休みを前に、今年も「夏祭り」を計画しました。夏の夜のひととき、踊りの輪を広げて愉快に汗を流し、花火を見たりちょうちん行列をしたり…、夏祭りの雰囲気を楽しんでいただきたいと思います。みなさまおそろいでお出かけください。

夏休みのすごし方

夏休みの過ごし方について、みんなと約束をしました。
○早寝早起きをしましょう。
○戸外では帽子をかぶりましょう。
○家の人に行き先を言ってから遊びに行きましょう。
○冷たいものを食べすぎないように気をつけましょう。
以上の4つです。ぜひご家庭でもご協力ください。

8月生まれおめでとう

8月は「いっぱい」の月です
太陽が いっぱい アサガオも いっぱい
アイスも いっぱい 汗も いっぱい
そして 8月生まれは 元気がいっぱい！
だから オメデトウも いっぱい 言おう
お誕生日 おめでとう
オメデトウ、お・め・で・と・う！

○○ □□ちゃん
○○ □□ちゃん
○○ □□ちゃん

P024-01

9月 気持ちを新たに新学期を

P024-02

ポイント1

長期の休みが終わり、新学期が始まる時期には、気持ちを新たに園生活を迎えられるようなメッセージをひと言添えましょう。

ポイント2

「敬老の集い」や、園児の高齢者施設訪問などは、子どもたちと地域の高齢者の方をつなぐ貴重な機会です。保護者にもその意義を理解してもらう工夫をしましょう。

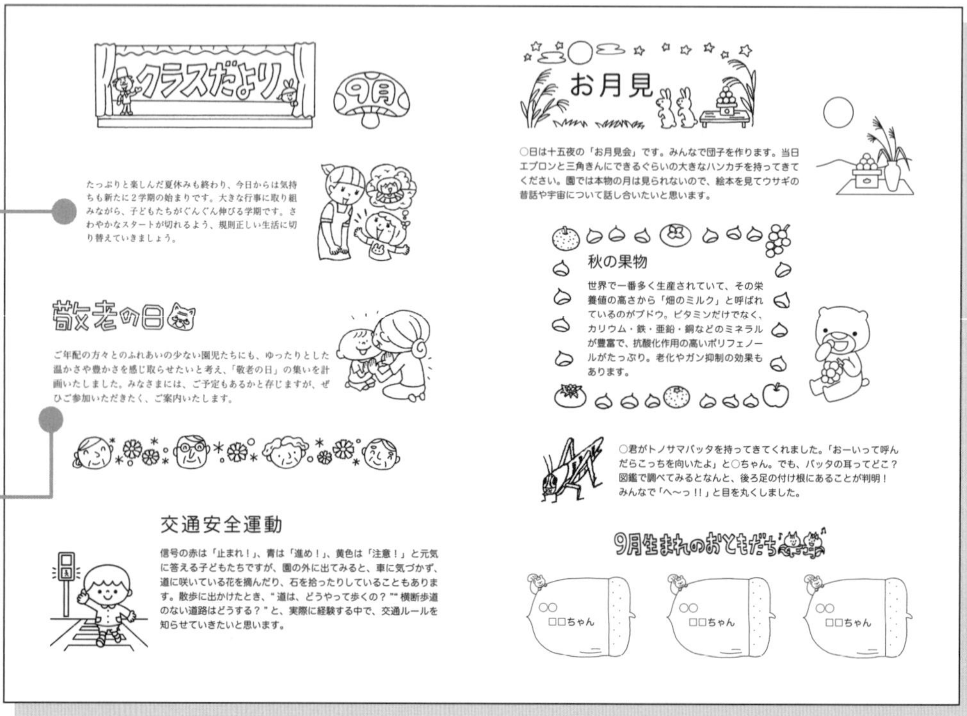

クラスだより

9月

たっぷりと楽しんだ夏休みも終わり、今日からは気持ちも新たに2学期の始まりです。大きな行事に取り組みながら、子どもたちがぐんぐん伸びる学期です。さわやかなスタートが切れるよう、規則正しい生活に切り替えていきましょう。

敬老の日

ご年配の方々とのふれあいの少ない園児たちにも、ゆったりとした温かさや豊かさを感じ取らせたいと考え、「敬老の日」の集いを計画いたしました。みなさまには、ご予定もあるかと存じますが、ぜひご参加いただきたく、ご案内いたします。

交通安全運動

信号の赤は「止まれ！」、青は「進め！」、黄色は「注意！」と元気に答える子どもたちですが、園の外に出てみると、車に気づかず、道に咲いている花を摘んだり、石を拾ったりしていることもあります。散歩に出かけたとき、"道は、どうやって歩くの？""横断歩道のない道路はどうする？"と、実際に経験する中で、交通ルールを知らせていきたいと思います。

お月見

○日は十五夜の「お月見会」です。みんなで団子を作ります。当日エプロンと三角きんにできるぐらいの大きなハンカチを持ってきてください。園では本物の月は見られないので、絵本を見てウサギの昔話や宇宙について話し合いたいと思います。

秋の果物

世界で一番多く生産されていて、その栄養価の高さから「畑のミルク」と呼ばれているのがブドウ。ビタミンだけでなく、カリウム・鉄・亜鉛・銅などのミネラルが豊富で、抗酸化作用の高いポリフェノールがたっぷり。老化やガン抑制の効果もあります。

○君がトノサマバッタを持ってきてくれました。「おーいって呼んだらこっちを向いたよ」と○ちゃん。でも、バッタの耳ってどこ？図鑑で調べてみるとなんと、後ろ足の付け根にあることが判明！みんなで「へ～っ!!」と目を丸くしました。

9月生まれのおともだち

○○ □□ちゃん
○○ □□ちゃん
○○ □□ちゃん

季節を感じる心を伝える 10月

クラスだより

10月

「秋ってどこなの？」と○ちゃんが聞くので、散歩しながらみんなでキョロキョロ秋探し。上を見上げると、ほら、アカトンボ。周りをグル～ッと見ると…。あったよ、黄色いキクの花。足下には、カサカサ落ち葉。そのとき、みんなの前を焼きイモ屋さんが…。「これも秋じゃないの？」と○君。う～ん、いいにおい。目も耳も鼻も秋を楽しんだ１日でした。

紅葉の秘密

園庭のイチョウは黄色に、モミジは赤く色付きました。
木の葉が緑色に見えるのは葉緑素（クロロフィル）が含まれるからですが、秋になって気温が低くなると葉緑素が分解され、代わりにアントシアン（赤）、キサントフィル（黄）の色素がはっきりと見えるようになります。このため秋になると赤や黄色に葉の色が変化します。

赤いカキと青い医者

カキは、とても栄養豊富な果物。実はミカンやレモンのようなすっぱい果物より、ビタミンCが多く含まれています。また、体を冷やす特性を持ち、熱のあるときに食べるとよいとされています。
カキを食べれば病気知らずという意味で、「カキが赤くなると医者が青くなる」という言葉もあるんですよ。

食育ワンポイント！

「うちでは絶対ニンジンは食べない」と言って悩んでいる保護者の方々はぜひ園での給食を見学しに来てください。園では、ほとんどの子が好き嫌いなく食べています。同じ年齢の子どもと食べることで刺激し合っているからかもしれません。ちょっとした偏食はあまり深刻に考えないでもたいじょうぶですよ。

いやー!!

衣替えです！

半そでのスモックから長そでの冬服へ。10月１日から衣替えをしますが、名前が消えていないか確かめてください。案外気がつかないのが帽子のゴムひも。緩～くなっていませんか？

うんどうかい

さわやかな秋の一日、第○回の運動会が行なわれます。運動会は健康な体作りを第一の目標にしていますが、それだけでなく最後までがんばる力や、集団で協力して行動する力をも養います。勝ち負けだけにこだわらず、子どもたちの持っている力を十分に発揮させたいと思っています。

今月の目標

○運動会を通して、みんなで力を合わせることの大切さに気づく
○木の葉、ドングリなど、秋の自然物で遊ぶ
○絵本や物語を楽しむ

P025-01

ポイント１

季節の自然を感じたり、自然の変化に興味を持たせたりする指導をしているときには、その内容を伝え、保護者の方にも子どもたちといっしょに、身の回りの季節を感じてもらえるよう配慮しましょう。

ポイント２

運動会や発表会などの大きな行事は、どうしても華やかな場面に目を奪われがちですが、「勝ち負け」や「主役」ではなく、本来の意義を伝えましょう。

P025-02

子ども同士のかかわりを知ってもらう 11月

11月 クラスだより

「イチョウの葉っぱが落ちてたよ」「先生ドングリあげるよ」と、子どもたちは毎朝秋を見つけて登園してきます。落ち葉で冠を作ったり、木の実のこまで遊ぶなど、遊びの中に秋の自然を取り入れていきたいと思います。

サツマイモのスイーツ

先月のイモ掘り遠足で掘ったサツマイモでスイートポテト団子を作りました。おイモは蒸して皮をむき、ボウルに入れて、すりこぎでつぶします。少量の砂糖に、牛乳を少しずつ加え、粘土くらいの固さにし、シナモンの粉を振りかけます。
これを、ラップの上に 50g くらい載せ、ラップをてるてる坊主を作るようにキュッとねじればでき上がり。簡単でおいしいスイーツです。ご家庭でもぜひ作ってみてくださいね。

かぜがはやる季節です

朝晩の急な冷え込みで、重ね着をしがちなこのごろですが、今着込んでしまうと、薄着の習慣がつきにくくなります。また、大人以上に動き回る子どものこと、寒い日でも、遊んだあとは汗びっしょり…ということも。汗が冷えて体調を崩すこともあるので、着ぶくれないように注意してください。

ストップ！感染症

秋から冬にかけてはウイルス性胃腸炎やインフルエンザなどの感染症がはやります。周りへの感染を防ぐには、感染した人はマスクをし、せきをするときはテッシュで口を覆い、さらに汚れたテッシュはフタ付のゴミ箱に捨てましょう。石けんでの手洗いはもちろん忘れずに。

七五三のお話

15 日は七五三。男の子は３歳と５歳、女の子は３歳と７歳になったら氏神様に参拝する習わしです。
古来日本では、７歳までは神の子とされ、７歳になってやっと地域社会の一員として認められたとか。３～７歳の間は " 一人前 " に成長するための大切な節目なのですね。

○○園の七五三

園では、体育館に全員が集まり、会を催します。七五三は、どんなお祝いかを、子どもたちに話して聞かせたあと、「５歳になって、お友達がたくさんできた」「かけっこもできるようになった」「おつかいができるようになった」…などなど、成長した自分の姿を子どもたちに気づかせたいと思っております。

勤労感謝の日にちなんで、「街めぐり」に出かけます。いちばん身近なお父さん、お母さんはもちろんのこと、世の中のいろいろな仕事に目を向け、おまわりさん、郵便屋さん、消防士さん、お店屋さんなどがどんな仕事をし、自分たちとどのようにかかわっているのかを実際に見学し、考えます。そして、働く人々への感謝の気持ちをはぐくみたいと思います。

いつもありがとう

○○組リポート

子どもたちは最近、縄跳びに夢中です。個人差はありますが、みんな日に日に上達しています。まだうまく跳べない子も、周りの刺激を受けて縄を持ち、戸外に駆け出して行きます。ある日、じょうずな子が苦手な子に「回してぴょん」と言いながら、コツを教えている姿を見つけました。ほほ笑ましい光景に心がホッと暖かくなりました。

おたんじょうびおめでとう♪

○○　□□ちゃん
○○　□□ちゃん
○○　□□ちゃん

ポイント１

日本古来の行事や国民の祝日には、それぞれ歴史や意味があります。それらの意義を伝え、その精神を生かす指導をしていることを知ってもらいましょう。

ポイント２

子ども同士は、保護者の気づかないところで、豊かな人間関係を築いていることもあります。そうしたようすを、具体的に伝えていきましょう。

12月 準備の過程を伝えて期待を分かち合う

ポイント1

発表会、運動会、作品展などの行事は、本番だけが大切なのではありません。準備や練習を重ねる子どもたちの姿を伝え、保護者も本番へのワクワク感、ドキドキ感を持てるように工夫しましょう。

ポイント2

伝統的な行事食などには、昔の人の知恵が詰まっています。また、なんとなく知っていたことを新たに認識できる効果もあります。

12月 クラスだより

今月は２学期の締めくくりの月です。子どもたちは、みんなで学んだり、協力し合ったり、励まし合ったりすることで、心身共に大きく成長してきていることを実感しています。発表会の準備や劇の練習などを通して、子どもたちのやろうとする意欲を高めていきたいと考えています。

サンタがいっぱい！

今月は、待ちに待ったクリスマスです！　そこで、みんなでサンタさんの絵を描きました。太っているサンタさんから、スマートなサンタさん、笑っているサンタさん、転んでいるサンタさんまで楽しいサンタさんでいっぱいです。保育室の後ろにはってありますので、どうぞご覧ください。

メリークリスマス

おもちつき

○日におもちつきを行ないます。もち米を蒸すところから始め、実際に重いきねを振り上げておもちをつきます。つき上がったら丸めて、きなこやあんこでいただきます。当日のお弁当は、少し控えめの量にしてください。おみやげは、子どもたちのついたおもち。楽しみにしていてくださいね。

年末年始はお手伝いを

12月に入り、園も年の瀬の慌ただしさが感じられます。年末やお正月は、家庭でなければできない経験がたくさんあります。大掃除やおせち作り、年越しそばや除夜の鐘、あいさつ回りや初詣、カルタにすごろく…。子どもたちにぜひ、いろいろなお手伝いをする機会を与えてみてください。

園でもぞうきんを絞ったり、給食を配ったりさまざまなことをしてもらっています。１年を終え、新年を迎えるにあたって、日本の風習を経験させて、伝えていきたいものです。

子どもたちに拍手を

発表会

○月×日に、発表会を開催いたします。子どもたちは、大好きなお話や歌を題材にいろいろな方法で体全体を使って表現することを楽しんでいます。みんなの気持ちがひとつになって、すてきな歌声や合奏になるでしょうか？

子どもたちの張り切っている姿をご覧いただき、温かい拍手をいただきますようお願いいたします。

冬至のカボチャ

二十四節気のひとつ、冬至の日は、１年でいちばん昼が短く、夜が長くなります。昔から、この日にカボチャを食べる習慣がありました。カボチャにはかぜや脳卒中の予防になる栄養素が、たっぷり詰まっているからです。また太陽の光が弱いときなので、太陽に似た姿のカボチャを尊んだからだともいわれています。

みんなで大そうじ

年末年始を迎えるために、○日に園では子どもたちといっしょに大掃除を行ないます。自分たちの生活の場を、自分たちの手できれいにし、すがすがしい気持ちで新年を迎えたいと思います。お手すきの保護者の方がいらっしゃいましたら、ぜひお手伝いをお願いいたします。

12月生まれのおともだち

○○　□□ちゃん

○○　□□ちゃん

○○　□□ちゃん

おめでとう！

P026-01

1月 節目のあいさつはきちんと

P026-02

ポイント1

新年のあいさつは、気持ちも新たに、あらたまってていねいにしたいものです。

ポイント2

子どもたちがどんな遊びや活動をしているのかは、保護者にとって大きな関心ごとのひとつです。子どもたちの成長が感じられるように、継続的に伝えていきましょう。

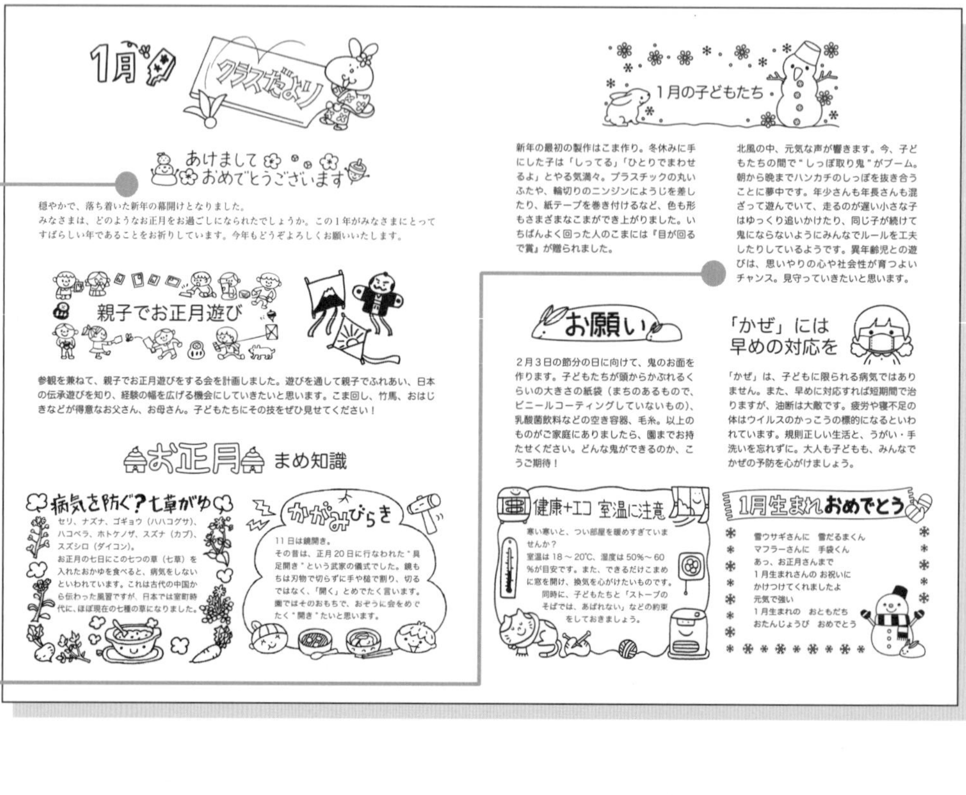

1月 クラスだより

あけまして　おめでとうございます

穏やかで、落ち着いた新年の幕開けとなりました。

みなさまは、どのようなお正月をお過ごしになられたでしょうか。この１年がみなさまにとってすばらしい年であることをお祈りしています。今年もどうぞよろしくお願いいたします。

親子でお正月遊び

参観を兼ねて、親子でお正月遊びをする会を計画しました。遊びを通して親子でふれあい、日本の伝承遊びを知り、経験の幅を広げる機会にしていきたいと思います。こま回し、竹馬、おはじきなどが得意なお父さん、お母さん。子どもたちにその技をぜひ見せてください！

お正月 まめ知識

病気を防ぐ？七草がゆ

セリ、ナズナ、ゴギョウ（ハハコグサ）、ハコベラ、ホトケノザ、スズナ（カブ）、スズシロ（ダイコン）。

お正月の七日にこの七つの草（七草）を入れたおかゆを食べると、病気をしないといわれています。これは古代の中国から伝わった風習ですが、日本では室町時代に、ほぼ現在の七種の草になりました。

かがみびらき

11日は鏡開き。

その昔は、正月20日に行なわれた“具足開き”という武家の儀式でした。鏡もちは刃物で切らずに手や槌で割り、切るではなく、「開く」とめでたく言います。園ではそのおもちで、おぞうに会をめでたく“開き”たいと思います。

1月の子どもたち

新年の最初の製作はこま作り。冬休みに手にした子は「しってる」「ひとりでまわせるよ」とやる気満々。プラスチックの丸いふたや、輪切りのニンジンにようじを差したり、紙テープを巻き付けるなど、色も形もさまざまなこまができ上がりました。いちばんよく回った人のこまには『目が回るで賞』が贈られました。

北風の中、元気な声が響きます。今、子どもたちの間で“しっぽ取り鬼”がブーム。朝から晩までハンカチのしっぽを抜き合うことに夢中です。年少さんも年長さんも混ざって遊んでいて、走るのが遅い小さな子はゆっくり追いかけたり、同じ子が続けて鬼にならないようにみんなでルールを工夫したりしているようです。異年齢児との遊びは、思いやりの心や社会性が育つよいチャンス。見守っていきたいと思います。

お願い

２月３日の節分の日に向けて、鬼のお面を作ります。子どもたちが頭からかぶれるくらいの大きさの紙袋（まちのあるもので、ビニールコーティングしていないもの）、乳酸菌飲料などの空き容器、毛糸。以上のものがご家庭にありましたら、園までお持たせください。どんな鬼ができるのか、こうご期待！

「かぜ」には早めの対応を

「かぜ」は、子どもに限られる病気ではありません。また、早めに対応すれば短期間で治りますが、油断は大敵です。疲労や寝不足の体はウイルスのかっこうの標的になるといわれています。規則正しい生活と、うがい・手洗いを忘れずに。大人も子どもも、みんなでかぜの予防を心がけましょう。

健康+エコ 室温に注意

寒い寒いと、つい部屋を暖めすぎていませんか？

室温は 18 ～ 20℃、湿度は 50%～ 60 %が目安です。また、できるだけこまめに窓を開け、換気を心がけたいものです。

同時に、子どもたちと「ストーブのそばでは、あばれない」などの約束をしておきましょう。

1月生まれおめでとう

雪ウサギさんに　雪だるまくん

マフラーさんに　手袋くん

あっ、お正月さんまで

１月生まれさんの お祝いに

かけつけてくれましたよ

元気で強い

１月生まれの　おともだち

おたんじょうび　おめでとう

子どもの興味を認め、育てる姿勢を 2月

P027-01

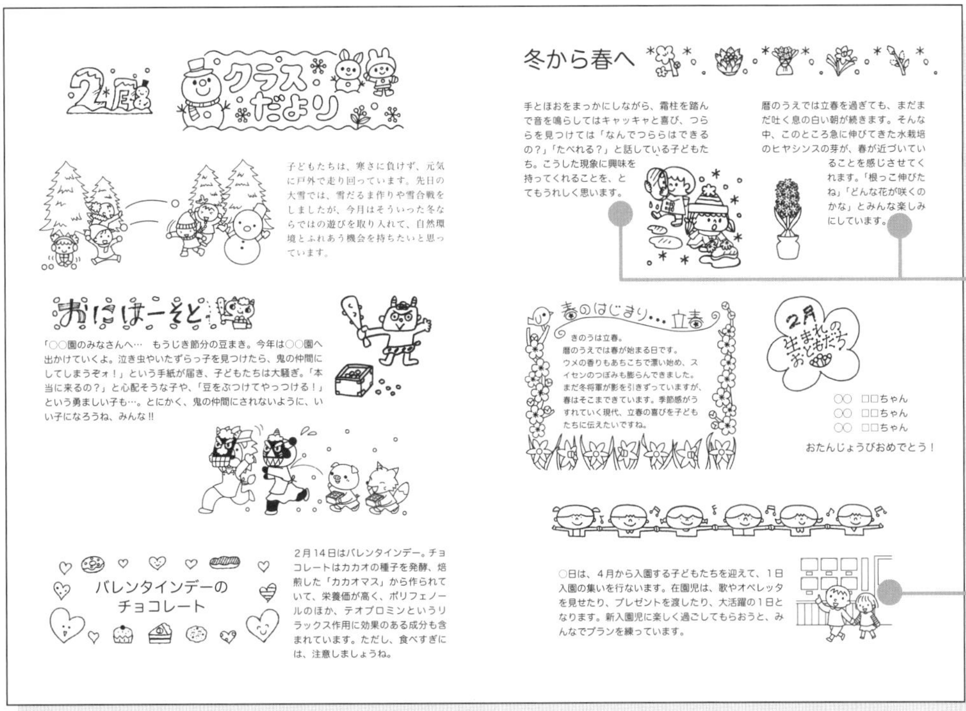

2月

クラスだより

子どもたちは、寒さに負けず、元気に戸外で走り回っています。先日の大雪では、雪だるま作りや雪合戦をしましたが、今月はそういった冬ならではの遊びを取り入れて、自然環境とふれあう機会を持ちたいと思っています。

おにはーそと

「○○園のみなさんへ… もうじき節分の豆まき。今年は○○園へ出かけていくよ。泣き虫やいたずらっ子を見つけたら、鬼の仲間にしてしまうぞォ！」という手紙が届き、子どもたちは大騒ぎ。「本当に来るの？」と心配そうな子や、「豆をぶつけてやっつける！」という勇ましい子も…。とにかく、鬼の仲間にされないように、いい子になろうね、みんな!!

バレンタインデーの チョコレート

2月14日はバレンタインデー。チョコレートはカカオの種子を発酵、焙煎した「カカオマス」から作られていて、栄養価が高く、ポリフェノールのほか、テオブロミンというリラックス作用に効果のある成分も含まれています。ただし、食べすぎには、注意しましょうね。

冬から春へ

手とほおをまっかにしながら、霜柱を踏んで音を鳴らしてはキャッキャと喜び、つららを見つけては「なんでつららはできるの？」「たべれる？」と話している子どもたち。こうした現象に興味を持ってくれることを、とてもうれしく思います。

暦のうえでは立春を過ぎても、まだまだ吐く息の白い朝が続きます。そんな中、このところ急に伸びてきた水栽培のヒヤシンスの芽が、春が近づいていることを感じさせてくれます。「根っこ伸びたね」「どんな花が咲くのかな」とみんな楽しみにしています。

春のはじまり…立春

きのうは立春。
暦のうえでは春が始まる日です。
ウメの香りもあちこちで漂い始め、スイセンのつぼみも膨らんできました。
まだ冬将軍が影を引きずっていますが、春はそこまできています。季節感がうすれていく現代、立春の喜びを子どもたちに伝えたいですね。

2月 生まれの おともだち

○○ □□ちゃん
○○ □□ちゃん
○○ □□ちゃん

おたんじょうびおめでとう！

○日は、4月から入園する子どもたちを迎えて、1日入園の集いを行ないます。在園児は、歌やオペレッタを見せたり、プレゼントを渡したり、大活躍の1日となります。新入園児に楽しく過ごしてもらおうと、みんなでプランを練っています。

ポイント1

忙しい保護者にとっては、子どもたちの「なぜ」「どうして」はわずらわしい場合もあるかもしれませんが、そうした興味が、成長につながることを柔らかく伝えていきましょう。

ポイント2

進級が近づき、子どもたちの意識や立場も少しずつ変わっていきます。こうした変化も具体的に伝えましょう。

1年間の成長を振り返る 3月

P027-02

クラスだより 3月

進級おめでとうございます

花々もほころび始め、本年度最後の月となりました。お母さんから離れられない子、思いを伝えられず、すぐ手が出てしまう子、泣き声と大騒ぎでスタートした4月が懐かしく思い出されます。この1年間で、子どもたちは心身共に大きく成長し、笑い声の絶えないクラスとなりました。たくさんの経験から得た自信を、次のステップへつなげてほしいと思います。

ひな祭り

3日のひな祭りは、ひな飾りのある集会室で、みんなで歌ったり、ゲームをしたりして楽しく過ごします。そして、白、若草、桃色の三色団子をいただき、お祝いします。雪が解けて、緑の草木が顔を出し、花が咲き…。いつの間にか春はもうすぐそこですね。

ヘンシーン！お米

ひな祭りの節句菓子の代表といえば、ひなあられ。関東地方のひなあられは、蒸したもち米を乾燥させ、さらに炒って砂糖をかけて色をつけます。一見わかりにくいのですが、お米が変身したものなのです。中部地方や西日本では、丸い形で塩味やしょう油味のあられを供えるところもあります。

ひなあられ

みーつけた、春

「あっ、いたいたっ！」石の下にダンゴムシ。「ここにもいた！」枯れ葉の裏にテントウムシ。6日は啓蟄（けいちつ）。冬眠していた虫たちが外に出て活動を始めるころになりました。子どもたちにむりやり起こされた虫たちは、寝ぼけまなこをこすっているかも…。

おわかれ会

年長組の卒園を前に、○○組では「お別れ会」を計画中。今まで、年長さんに助けてもらっていたのですが、今回は自分たちが中心になり、歌や劇を見せようと、張り切って準備しています。

おわかれ会

お願い

園に置いてある保育用品などを、少しずつ通園バッグに入れて、何回かに分けて持ち帰ります。通園バッグは、翌日必ずお持たせください。

組のアルバム

○○組の1年はあと少しで終わり。
春の遠足、動物園。ガオーッとほえられ泣いたっけ。夏は水遊びでみんなビショビショ。秋はスポーツ。運動会のダンスがばっちり決まってた。冬の木枯らし、なんのその。サッカー、縄跳び、鬼ごっこ。おイモ掘りに、音楽会……。ひとつひとつに向き合いながら大きく成長してきた子どもたち。頼もしい年長さんになってくれることでしょう。

おたんじょうび おめでとう

○○ □□ちゃん
○○ □□ちゃん
○○ □□ちゃん

ゆっくり歩こう

「賢者のスポーツ」をご存じですか。それは歩くこと。理想は1日1万歩（早足で、大人なら1時間半くらい）ですが、急に無理をしても長続きしません。ゆっくりでもよいので、お子さんといっしょになるべくたくさん歩いてみてくださいね。

子どもたちは、最近、さまざまなものへの興味が広がっています。「なぜ？」「どうして？」の質問攻めに、先生も答えに詰まることもあるほどです。こうした興味や好奇心を大切に育てて、成長のためのエネルギーにしたいものです。

ポイント1

この1年間、どんなできごとがあり、子どもたちは、どのように成長してきたでしょうか。1年を振り返り、保護者とともに子どもたちの成長を喜び合って、おたよりを締めくくりましょう。

ポイント2

春休みに向けて、親子で楽しめる、健康によい習慣を提案してみるのも効果的です。

otayori ▶▶ template ▶▶ P028

4月

園だよりのポイント❶「クラスだより」とどこが違う？

「園だより」は「クラスだより」に比べ、〈必要な情報を的確に伝える〉という面が強くなります。例えば、行事などについても、行事を楽しみにする子どものようすを伝えるだけでなく、行事の日時や場所、注意事項など、具体的な情報をきちんと伝える役目があります。

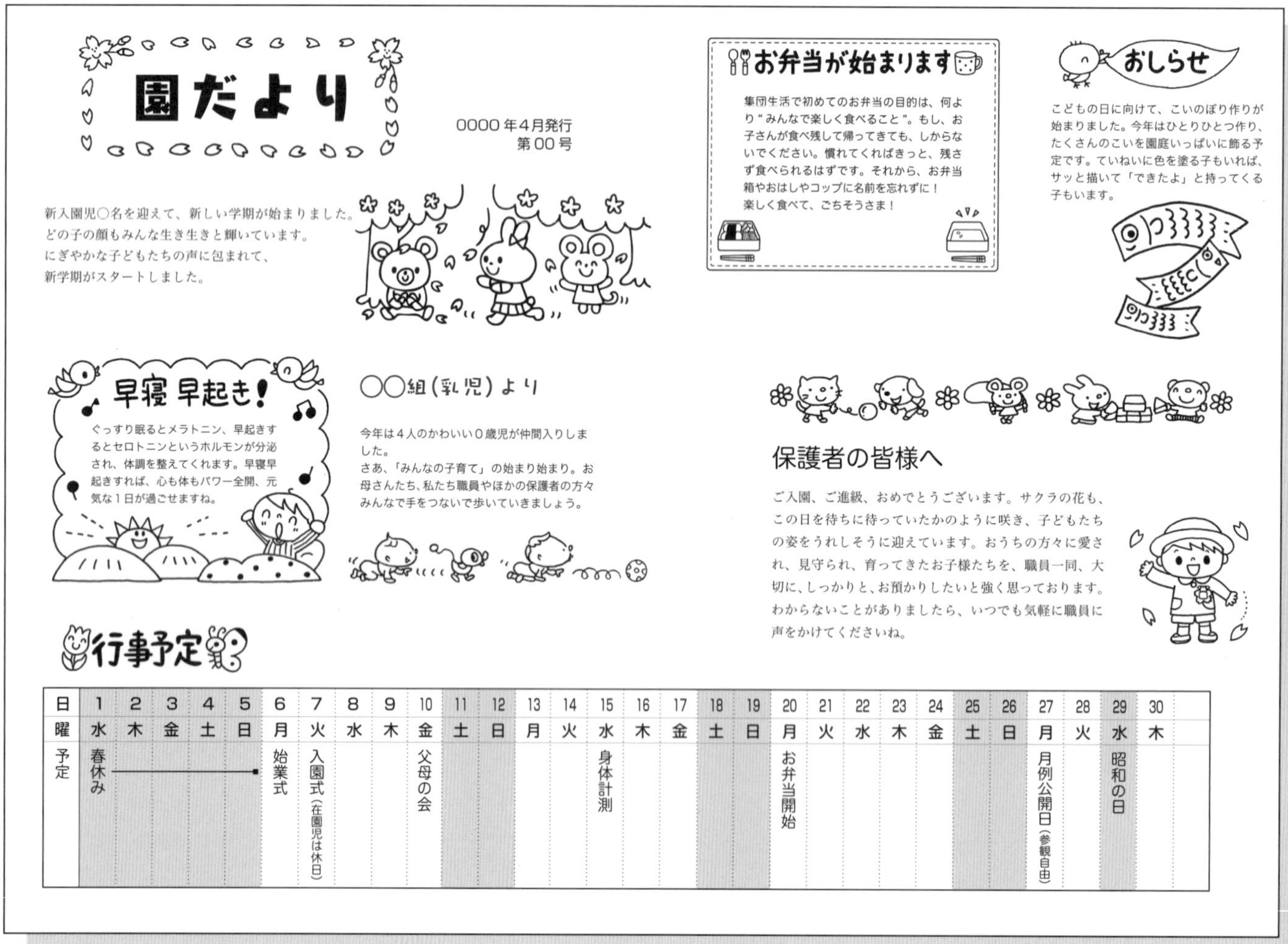

園だより

0000年4月発行
第00号

新入園児○名を迎えて、新しい学期が始まりました。
どの子の顔もみんな生き生きと輝いています。
にぎやかな子どもたちの声に包まれて、
新学期がスタートしました。

お弁当が始まります

集団生活で初めてのお弁当の目的は、何より"みんなで楽しく食べること"。もし、お子さんが食べ残して帰ってきても、しからないでください。慣れてくればきっと、残さず食べられるはずです。それから、お弁当箱やおはしやコップに名前を忘れずに！
楽しく食べて、ごちそうさま！

おしらせ

こどもの日に向けて、こいのぼり作りが始まりました。今年はひとりひとつ作り、たくさんのこいを園庭いっぱいに飾る予定です。ていねいに色を塗る子もいれば、サッと描いて「できたよ」と持ってくる子もいます。

早寝 早起き！

ぐっすり眠るとメラトニン、早起きするとセロトニンというホルモンが分泌され、体調を整えてくれます。早寝早起きすれば、心も体もパワー全開、元気な1日が過ごせますね。

○○組（乳児）より

今年は4人のかわいい0歳児が仲間入りしました。
さあ、「みんなの子育て」の始まり始まり。お母さんたち、私たち職員やほかの保護者の方々みんなで手をつないで歩いていきましょう。

保護者の皆様へ

ご入園、ご進級、おめでとうございます。サクラの花も、この日を待ちに待っていたかのように咲き、子どもたちの姿をうれしそうに迎えています。おうちの方々に愛され、見守られ、育ってきたお子様たちを、職員一同、大切に、しっかりと、お預かりしたいと強く思っております。わからないことがありましたら、いつでも気軽に職員に声をかけてくださいね。

行事予定

日	1	2	3	4	5	6	7	8	9	10	11	12	13	14	15	16	17	18	19	20	21	22	23	24	25	26	27	28	29	30
曜	水	木	金	土	日	月	火	水	木	金	土	日	月	火	水	木	金	土	日	月	火	水	木	金	土	日	月	火	水	木
予定	春休み					始業式	入園式（在園児は休日）			父母の会					身体計測					お弁当開始							月例公開日（参観自由）		昭和の日	

P028-01

園だよりのポイント❷

園として伝えたいことを……

「園だより」は園として力を入れていることを伝えるチャンスでもあります。自然とのふれあい、食育、異年齢児交流など、毎回決まったコーナーを作って連載とし、1年間の指導のようすとその成果を知ってもらうこともできます。

園だよりのポイント❸

園全体に関心を持ってもらうために

保護者はどうしても、自分の子どもやそのクラスに関心が集中しがちですが、できれば、園全体に関心を持っていただきたいもの。月ごとにそれぞれの年齢のクラスを紹介するコーナーなどを設定し、園のことをもっと知ってもらうのもよい方法です。

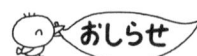

5つのポイントをよく読んで、「園だより」と「クラスだより」の違いを理解して作成しましょう。

10月

otayori ▶▶ template ▶▶ P029

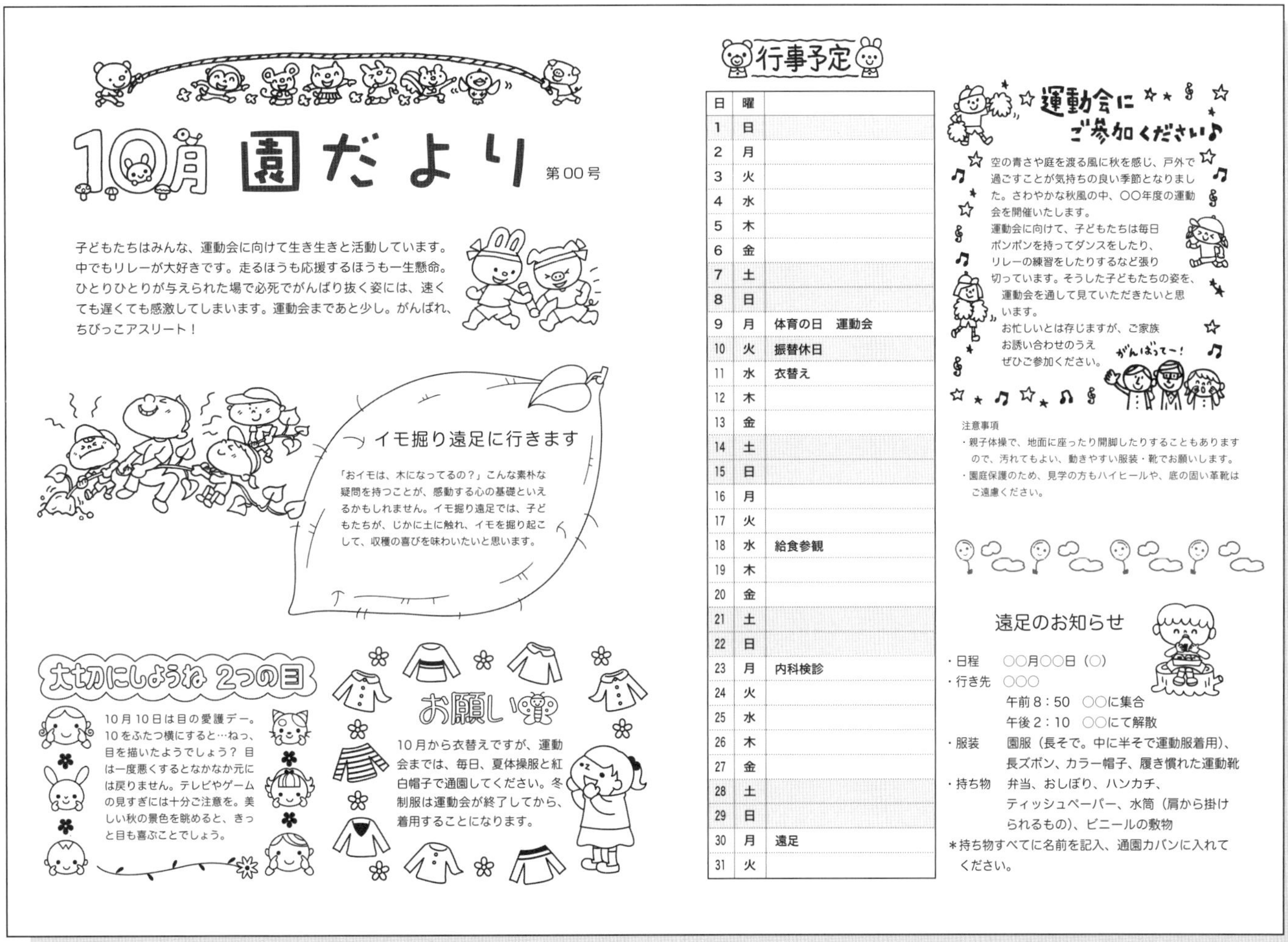

10月 園だより

第00号

子どもたちはみんな、運動会に向けて生き生きと活動しています。中でもリレーが大好きです。走るほうも応援するほうも一生懸命。ひとりひとりが与えられた場で必死でがんばり抜く姿には、速くても遅くても感激してしまいます。運動会まであと少し。がんばれ、ちびっこアスリート！

イモ掘り遠足に行きます

「おイモは、木になってるの？」こんな素朴な疑問を持つことが、感動する心の基礎といえるかもしれません。イモ掘り遠足では、子どもたちが、じかに土に触れ、イモを掘り起こして、収穫の喜びを味わいたいと思います。

大切にしようね 2つの目

10月10日は目の愛護デー。10をふたつ横にすると…ねっ、目を描いたようでしょう？ 目は一度悪くするとなかなか元には戻りません。テレビやゲームの見すぎには十分ご注意を。美しい秋の景色を眺めると、きっと目も喜ぶことでしょう。

お願い

10月から衣替えですが、運動会までは、毎日、夏体操服と紅白帽子で通園してください。冬制服は運動会が終了してから、着用することになります。

行事予定

日	曜	
1	日	
2	月	
3	火	
4	水	
5	木	
6	金	
7	土	
8	日	
9	月	体育の日　運動会
10	火	振替休日
11	水	衣替え
12	木	
13	金	
14	土	
15	日	
16	月	
17	火	
18	水	給食参観
19	木	
20	金	
21	土	
22	日	
23	月	内科検診
24	火	
25	水	
26	木	
27	金	
28	土	
29	日	
30	月	遠足
31	火	

運動会にご参加ください♪

空の青さや庭を渡る風に秋を感じ、戸外で過ごすことが気持ちの良い季節となりました。さわやかな秋風の中、○○年度の運動会を開催いたします。
運動会に向けて、子どもたちは毎日ポンポンを持ってダンスをしたり、リレーの練習をしたりするなど張り切っています。そうした子どもたちの姿を、運動会を通して見ていただきたいと思います。
お忙しいとは存じますが、ご家族お誘い合わせのうえぜひご参加ください。

注意事項
- 親子体操で、地面に座ったり開脚したりすることもありますので、汚れてもよい、動きやすい服装・靴でお願いします。
- 園庭保護のため、見学の方もハイヒールや、底の固い革靴はご遠慮ください。

遠足のお知らせ

- 日程　○○月○○日（○）
- 行き先　○○○
  午前8：50　○○に集合
  午後2：10　○○にて解散
- 服装　園服（長そで。中に半そで運動服着用）、長ズボン、カラー帽子、履き慣れた運動靴
- 持ち物　弁当、おしぼり、ハンカチ、ティッシュペーパー、水筒（肩から掛けられるもの）、ビニールの敷物

＊持ち物すべてに名前を記入、通園カバンに入れてください。

P029-01

園だよりのポイント ❹

連絡事項はわかりやすく簡潔に

行事の連絡だけでなく、お弁当、身体計測や検診、プール、衣替えなど、持ち物や着替えの用意、記名の確認など、保護者の協力が必要になる場面がたくさんあります。こうした連絡や注意を促す事項については、何をしてほしいのか、簡潔にわかりやすく伝えることが大切です。

園だよりのポイント ❺

言葉づかいはややていねいに

保護者と担任との間に信頼関係ができている「クラスだより」の場合は、多少くだけた親しみを込めた文体でも問題ない場合が多いのですが、「園だより」は、それよりやや公的なイメージが強いので、言葉づかいも比較的ていねいなものにしたほうがよいでしょう。

P030-01

P030-02

P030-03

P030-04

P030-05

P030-06

P030-07

P030-08

P030-09

P030-10

P030-11

P030-12

P030-13

P030-14

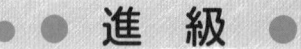

P031-01

P031-02

P031-03

P031-04

P031-05

P031-06

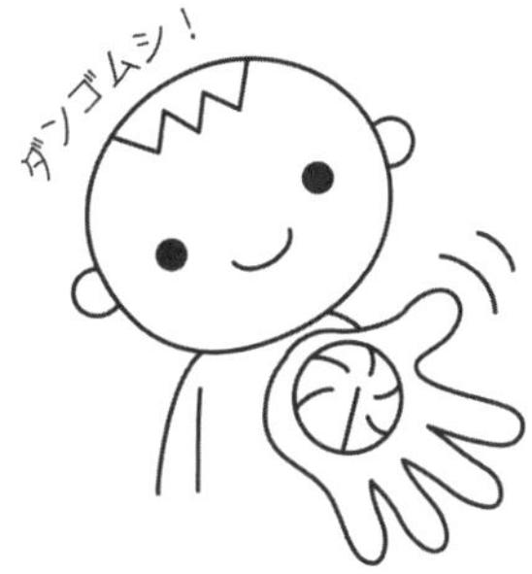

P031-07

P031-08

P031-09

P031-10

P031-11

P031-12

P031-13

P031-14

子どものようす（幼児）

P032-01

P032-02

P032-03

P032-04

P032-05

P032-06

P032-07

P032-08

P032-09

P032-10

P032-11

P032-12

P032-13

P032-14

子どものようす（乳児）

P033-01

P033-02

P033-03

P033-04

P033-05

P033-06

P033-07

誕生日

P033-08

P033-09

P033-10

P033-11

P033-12

P033-13

P033-14

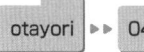

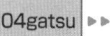

ワクとケイ

otayori ▸▸ 04gatsu ▸▸ P034

P034-01

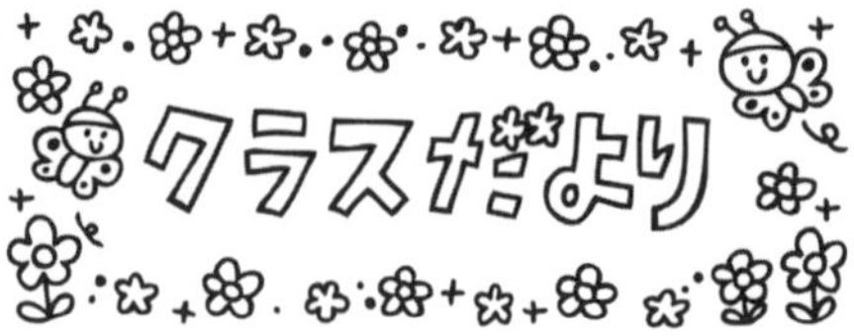

P034-02

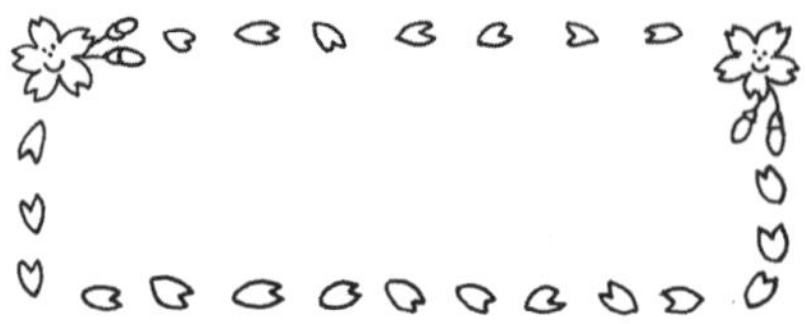

P034-03

P034-04

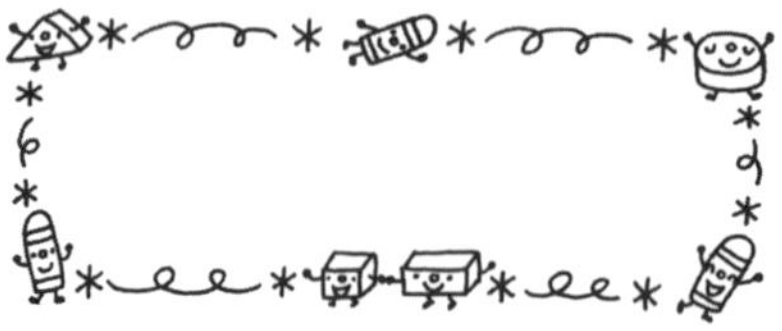

P034-05

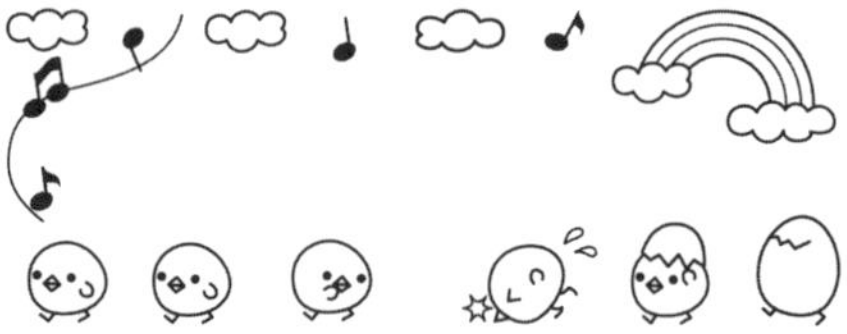

P034-06

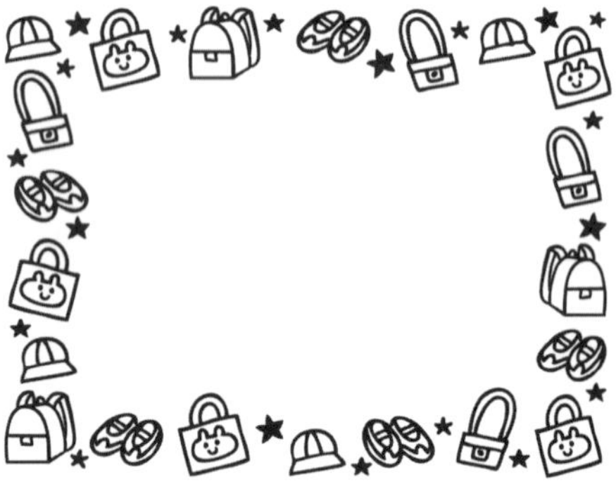

P034-07

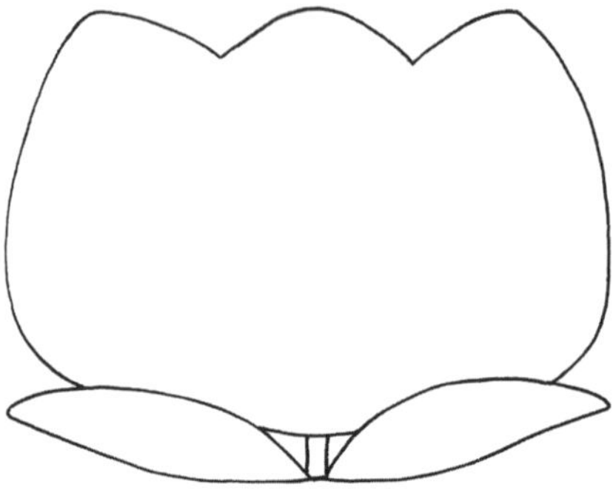

P034-08

P034-12

P034-13

P034-09

P034-10

P034-11

P034-14

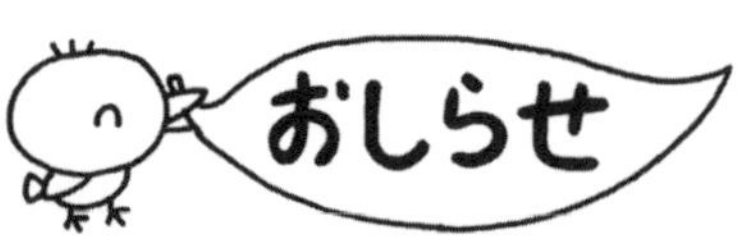

P034-15

P034-16

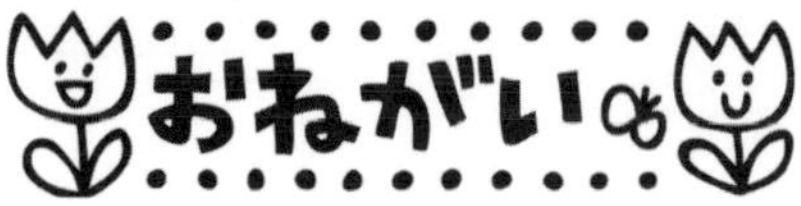

P034-17

囲みイラスト＋文例

otayori ▸▸ 04gatsu ▸▸ P035

はじめまして
●小さいけれども力持ちです！　ゆり組担任◯◯子
●歌とダンスはおまかせ！　ばら組担任◯△
●野球とドッジボールの選手です！
うめ組担任□△男
どうぞよろしく～!!

P035-01

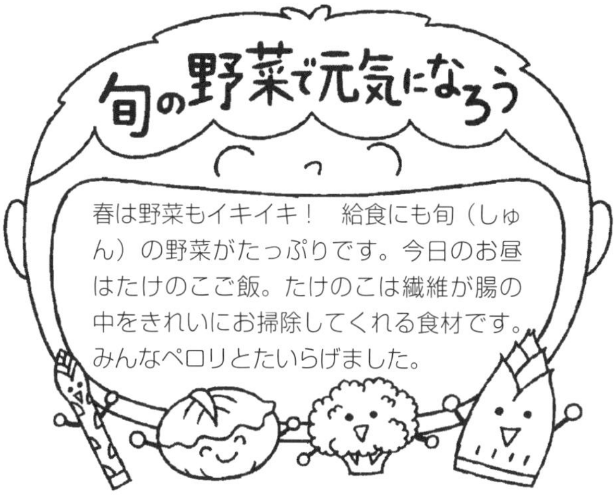
旬の野菜で元気になろう
春は野菜もイキイキ！　給食にも旬（しゅん）の野菜がたっぷりです。今日のお昼はたけのこご飯。たけのこは繊維が腸の中をきれいにお掃除してくれる食材です。みんなペロリとたいらげました。

P035-02

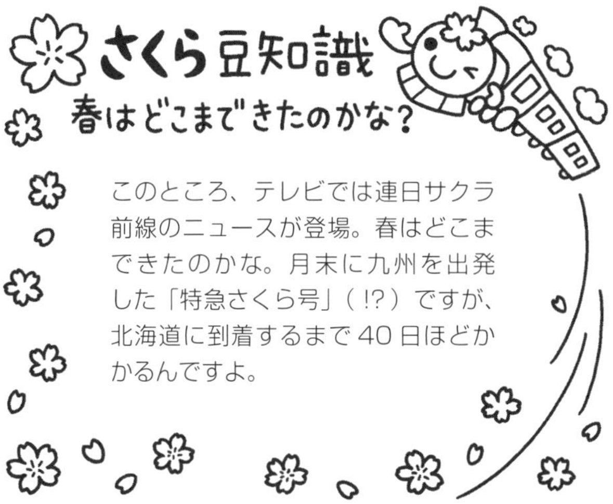
さくら豆知識
春はどこまできたのかな？
このところ、テレビでは連日サクラ前線のニュースが登場。春はどこまできたのかな。月末に九州を出発した「特急さくら号」（!?）ですが、北海道に到着するまで40日ほどかかるんですよ。

P035-03

早寝 早起き！
ぐっすり眠るとメラトニン、早起きするとセロトニンというホルモンが分泌され、体調を整えてくれます。早寝早起きすれば、心も体もパワー全開、元気な1日が過ごせますね。

P035-04

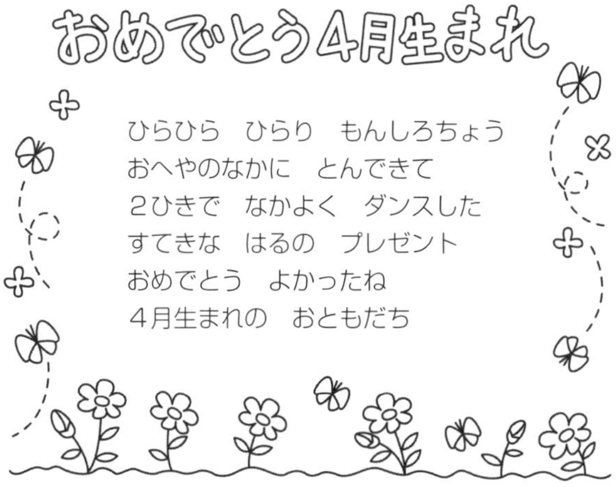
おめでとう4月生まれ
ひらひら　ひらり　もんしろちょう
おへやのなかに　とんできて
2ひきで　なかよく　ダンスした
すてきな　はるの　プレゼント
おめでとう　よかったね
4月生まれの　おともだち

P035-05

こまった迷子の落とし物
新学期が始まって1週間。
つき組の落とし物箱にはすでに住人がいっぱい。ハンカチ、靴下、おはしにクレヨン……。
なのに落とし主がひとりも現れません。お手数ですが、もう一度記名の確認をお願いします。

P035-06

おたより文例

進級

P036-01

新入園児○名を迎えて、新しい学期が始まりました。どの子の顔もみんな生き生きと輝いています。にぎやかな子どもたちの声に包まれて、新学期がスタートしました。

P036-02

「年少組の子が砂場で泣いていたから、部屋まで連れて行ってあげたよ」「私の弟も、年少組だよ」と、小さい組のようすが気になる子どもたち。お兄さん、お姉さんになってちょっぴり晴れがましいようです。

P036-03

「お・は・よーう！」と元気良くお部屋に飛び込んで来たＮ君、「きょうからぼくたち年長さんだよ」と、キラキラした目で得意そう。進級おめでとう。どの子も晴れやかな顔をして、堂々としています。

P036-04

ご入園おめでとうございます。初めての園生活に、親子共にドキドキ、ハラハラでしょうね。最初は寂しさに、涙がこぼれることがあるかもしれません。でも、園にはその寂しさを越えられる新しい出会いがたくさんあります。だいじょうぶ！ゆっくり仲間になっていきましょう。

幼児

P036-05

新しい部屋、新しい友達、そして新しい先生…と、新しいことがいっぱい。でも好奇心おう盛な子どもたちです。きっとすぐみんな仲よしになるね！

P036-06

「春はそこまできているよ」と言ったら、毎日「春みつけ」をする子どもたち。「草の芽があった」「ネコヤナギが白くなった」など、春を探して喜んでいます。「春だから、先生たちがキレイ」「口紅つけてる」…と、子どもたち。入園式などの行事で、このところ念入りな「お化粧」を見破られました。

乳児

P036-07

赤ちゃんが新しい環境に１日も早くなじめるように職員全員で努力いたしますが、ご心配なことがありましたら、いつでも職員に声をかけてください。

P036-08

今年は４人のかわいい０歳児が仲間入りしました。さあ、「みんなの子育て」の始まり始まり。お母さんたち、私たち職員やほかの保護者の方々みんなで手をつないで歩いていきましょう。

今月の目標

P036-09

○新しい環境に慣れ安心して過ごす
○先生や友達と楽しく遊ぶ
○春の自然を感じ取る

お知らせ

P036-10

○日からお弁当が始まります。無理をせず、最初は食べやすいものを少なめに入れてください。

P036-11

ぼくたち、○○園のウサギ、ピョンタとピョンコです。やんちゃでわんぱく、食べ盛りなのは園の子どもにも負けません。パンくず、野菜など、お願いしまーす！

P036-12

こどもの日に向けて、こいのぼり作りが始まりました。今年はひとりひとつ作り、たくさんのこいを園庭いっぱいに飾る予定です。ていねいに色を塗る子もいれば、サッと描いて「できたよ」と持ってくる子もいます。

P036-13

保護者の会総会で○○様と●●様が新役員に選出されました。役員並びに保護者のみなさま、これからの１年間、数々の行事そのほか園へのご協力、誠にご苦労様ですがよろしくお願いいたします。

食育

P036-14

食欲は活動意欲の源です。力いっぱい体を動かして遊べば、「食が細い」「食べない」といった悩みも解消します。しっかり遊んで楽しい食事タイムを過ごしたいものです。

P036-15

食べ物がどのようにして育ち、食材になるのかを知らせるために、プランターにハツカダイコンの種をまきました。育ったら、サラダになって給食に登場します。

健康

P036-16

子どもは急に発熱することがあります。普通は 36.5 度前後ですが、37 度くらいある高めの子どももいます。お子さんの平熱を測っておくと安心ですね。

P036-17

○日に健康診断を行ないます。今月は身長・体重のほかに、内科と歯科検診もあります。できるだけ着脱しやすい服装で来てください。時々、迷子のパンツがあります。下着に名前を書いておくこともお忘れなく。さあ、みんなどのくらい大きくなったかな？

※誌面の都合上、本誌に掲載しきれなかった文例があります（CD-ROM 限定文例：P152 参照）。

こどもの日

P037-01

P037-02

P037-03

P037-04

P037-05

P037-06

P037-07

P037-08

P037-09

P037-10

母の日

P037-11

P037-12

P037-13

P037-14

母の日

P038-01

P038-02

P038-03

P038-04

春の遠足

P038-05

P038-06

P038-07

P038-08

P038-09

P038-10

P038-11

P038-12

P038-13

P038-14

季節・自然

P039-01

P039-02

P039-03

P039-04

P039-05

P039-06

P039-07

P039-08

子どものようす（幼児）

P039-09

P039-10

P039-11

P039-12

P039-13

P039-14

子どものようす（幼児）

P040-01

P040-02

P040-03

P040-04

子どものようす（乳児）

P040-05

P040-06

P040-07

P040-08

P040-09

P040-10

P040-11

誕生日

P040-12

P040-13

P040-14

ワクとケイ

5月

P041-01

クラスだより

P041-02

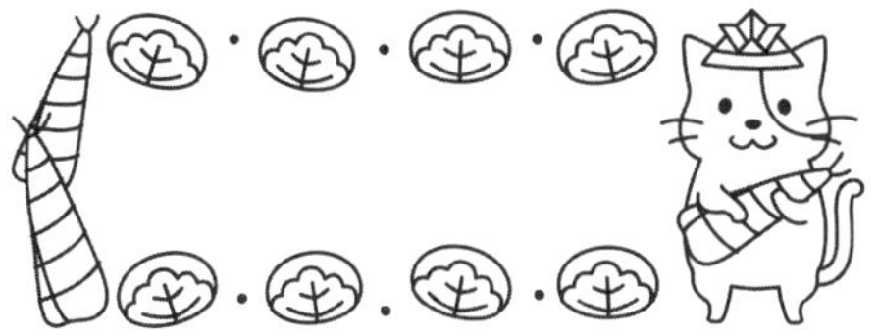

P041-03

5月

P041-04

P041-05

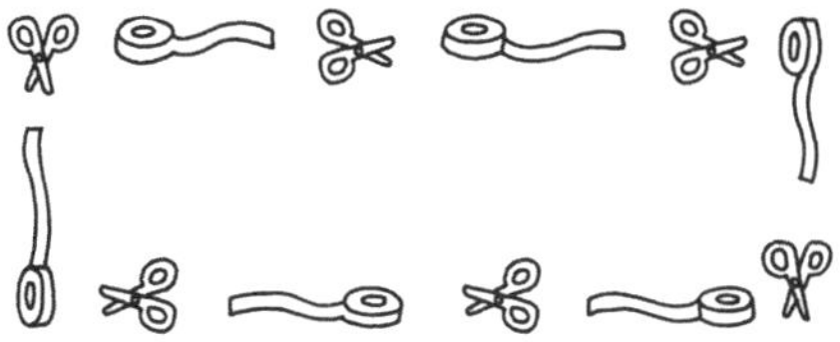

P041-06

P041-07

P041-08

P041-09

P041-10

P041-11

P041-12

P041-13

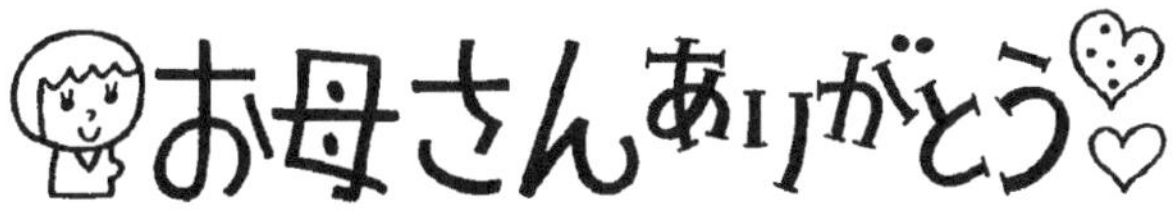
お母さんありがとう

P041-14

行事予定

P041-15

5月生まれのおともだち

P041-16

おしらせ

P041-17

ショウブ湯で元気になろう
端午の節句にはショウブ湯につかりますが、
ショウブは薬草でもあり、強い香りが魔よ
けになると言われています。まっすぐで、
つやつやと輝くショウブの葉のように、
○○組のみんなもすくすく伸びてね。

P042-01

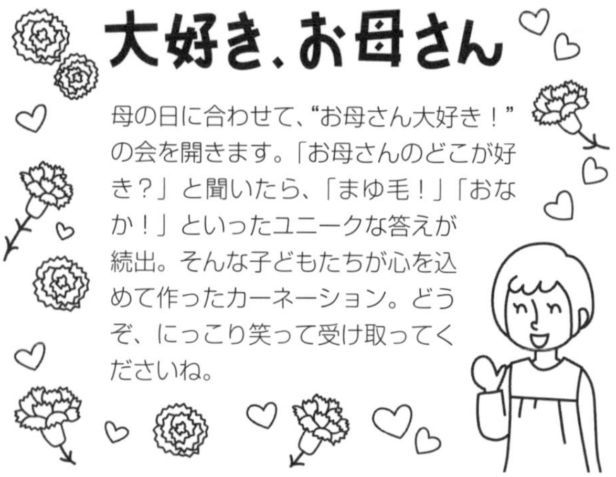
大好き、お母さん
母の日に合わせて、“お母さん大好き！”
の会を開きます。「お母さんのどこが好
き？」と聞いたら、「まゆ毛！」「おな
か！」といったユニークな答えが
続出。そんな子どもたちが心を込
めて作ったカーネーション。どう
ぞ、にっこり笑って受け取ってく
ださいね。

P042-02

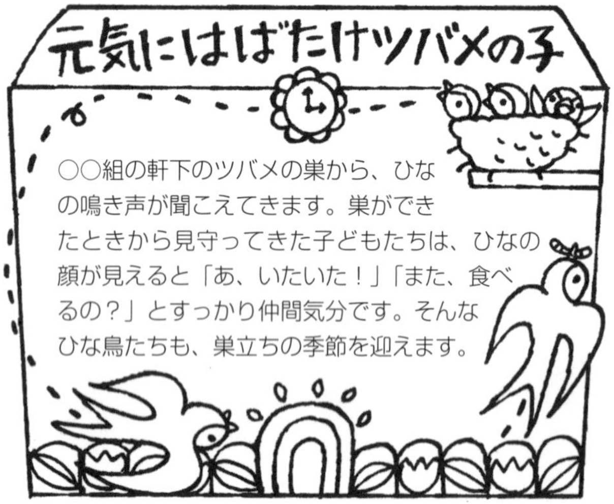
元気にはばたけツバメの子
○○組の軒下のツバメの巣から、ひな
の鳴き声が聞こえてきます。巣ができ
たときから見守ってきた子どもたちは、ひなの
顔が見えると「あ、いたいた！」「また、食べ
るの？」とすっかり仲間気分です。そんな
ひな鳥たちも、巣立ちの季節を迎えます。

P042-03

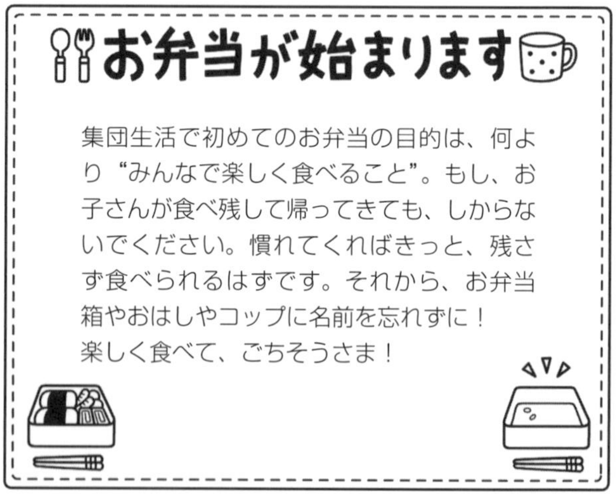
お弁当が始まります
集団生活で初めてのお弁当の目的は、何よ
り“みんなで楽しく食べること”。もし、お
子さんが食べ残して帰ってきても、しからな
いでください。慣れてくればきっと、残さ
ず食べられるはずです。それから、お弁当
箱やおはしやコップに名前を忘れずに！
楽しく食べて、ごちそうさま！

P042-04

5月生まれ おめでとう
ふくよ　ふくよ　みどりの風
およぐ　およぐ　こいのぼり
はっぱも　お花も　ぐんぐんのびる
もっと　もっと　のびろ
５月生まれの　おともだち
ハッピー
ハッピー　バースデイ！

P042-05

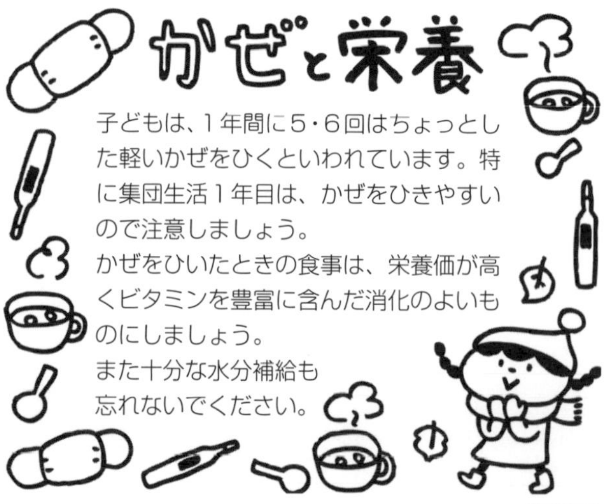
かぜと栄養
子どもは、１年間に５・６回はちょっとし
た軽いかぜをひくといわれています。特
に集団生活１年目は、かぜをひきやすい
ので注意しましょう。
かぜをひいたときの食事は、栄養価が高
くビタミンを豊富に含んだ消化のよいも
のにしましょう。
また十分な水分補給も
忘れないでください。

P042-06

おたより文例

新入園児

P043-01
入園式から1か月がたち、子どもたちひとりひとりにようやく落ち着きも見られるようになってきました。お友達もでき、戸外でも活発に遊ぶ子どもが目だってきています。

こどもの日

P043-02
こどもの日は、端午の節句、または菖蒲の節句と呼ばれ、古くは田の神を迎え、豊作を約束するための行事でした。その後菖蒲を「尚武」「勝負」と関連させ、男児の立身出世を願う行事に変化しました。ちなみに菖蒲は薬草でサトイモ科。ハナショウブはアヤメ科で、まったく違う植物です。

P043-03
家に持ち帰る小さなこいのぼりと、園に飾る大きなこいのぼりを作ります。ハサミやのりの使い方もじょうずになってきた子どもたちです。力作を期待していてください。大型こいのぼりは園庭に飾りますので、ぜひ見に来てください。

母の日

P043-04
1907（明治40）年にアメリカのアンナ・ジャービスという少女が、母の命日に集まった人々に白いカーネーションを配ったことが始まりといわれています。1914（大正3）年には、ウィルソン大統領が5月の第2日曜日を母の日と制定しました。ちなみにカーネーションの花ことばは「母の愛」です。

P043-05
母の日に向けて、『おかあさん』の歌をみんなで練習しています。当日かわいい歌声をプレゼントしたいと思います。

参観

P043-06
子どもたちが、どんな遊びをしているのか、どんな友達がいるのか、ひと目見に来てください。子どもたちと共通の話題ができ、親子関係が100倍も楽しくなるのが“参観日”です。

遠足

P043-07
○日に園外保育を行ないます。青空の下、自然の中で思いっ切り遊びたいと思います。当日は活動しやすい衣服を着せてください。またお弁当の詰め込みすぎには気をつけて！　いつもと同量でだいじょうぶです。

P043-08
△△森林公園には自然を生かした広い野原があるので、“春を遊ぼう、春を食べよう”をテーマに、草花に触れてきます。「草って食べられるの？」と驚く子どもたち。ツツジの蜜を吸ったり、ノビルのおひたしを口にしたらどんな顔をするかな？　ポリ袋と子ども用軍手（または手袋）を持たせてください。

幼児

P043-09
友達関係も広がり、数人でのグループ遊びを好むようになってきた子どもたち。その一方で、「たたかれた」「おもちゃをとられた」と、けんかになることも。双方の思いをくみ取りながら指導をしたいと思います。ぶつかり合いの中で、子どもたちは集団の約束事や、相手への思いやりの心を習得していくのではないでしょうか。どうか温かく見守ってあげてください。

P043-10
あれあれ、脱いだ帽子が床の上に転がっているよ。おや？　靴も脱ぎっぱなし……。大きなあくびで、眠そうな子もいます。ゴールデンウィークをたっぷり楽しんだのか、みんないささか脱力ぎみ。身についた生活のリズムが崩れ、ルールを守ろうとする姿勢も一歩後退といった状態が多く見られます。早くリズムが戻るよう、ご家庭でもご協力お願いします。

乳児

P043-11
最近、○ちゃんの口癖は“やりたい”です。パンツを上げるのも、靴下を履くのも、おやつの牛乳をコップに注ぐのも、何でもかんでも自分でやってみたいお年ごろ。失敗しても、この時期の“やる気”を大切にしてあげたいと思っています。

今月の目標

P043-12
○ 戸外でのびのびと体を動かして遊ぶ
○ 春の自然に親しむ
○ 先生や友達とふれあいながら、いろいろな遊びを楽しむ

食育

P043-13
初めてのお弁当の日、「ソーセージ入ってるんだ」「ヒヨコのおにぎりよ」と、子どもたちはお弁当の話題でもちきりです。午前中は「お弁当まだ？」の連発。そして待ちに待ったお昼の時間。元気なごあいさつと共に大きな口でパクッ。

P043-14
このごろのお弁当タイムには、あちこちでほれぼれするような食べっぷりが見られます。新学期の緊張が解け、友達ともよく遊ぶようになったせいでしょう。少し残すことがあっても、「残さず食べる」というプレッシャーをあまりかけずに、おおらかな気持ちで受け止めてください。

健康

P043-15
食後急にかゆくなって発疹が出たら、じんましんかもしれません。かゆみがひどいときは、冷たいタオルを患部に当てて冷やしましょう。じんましんは主に食べ物で出ますが、ストレスが原因のこともあります。

※誌面の都合上、本誌に掲載しきれなかった文例があります（CD-ROM限定文例：P152参照）。

梅雨

otayori ▸▸ 06gatsu ▸▸ P044

P044-01

P044-02

P044-03

P044-04

P044-05

P044-06

P044-07

P044-08

P044-09

P044-10

時の記念日

P044-11

P044-12

P044-13

P044-14

虫歯予防

P045-01

P045-02

P045-03

P045-04

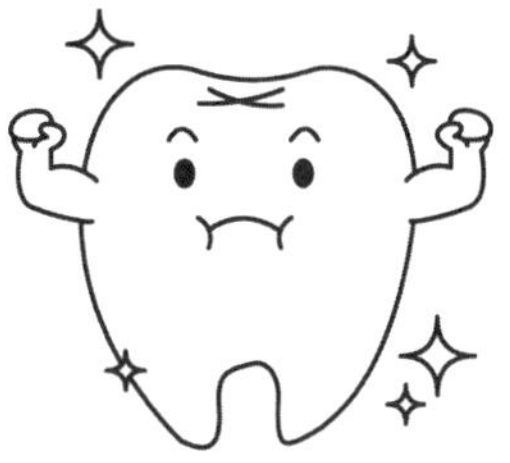

P045-05

P045-06

P045-07

父の日

P045-08

P045-09

P045-10

P045-11

P045-12

P045-13

P045-14

P046-01

P046-02

P046-03

P046-04

P046-05

P046-06

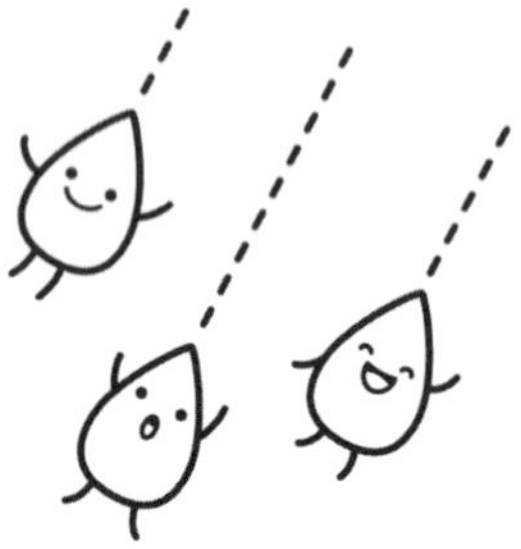

P046-07

P046-08

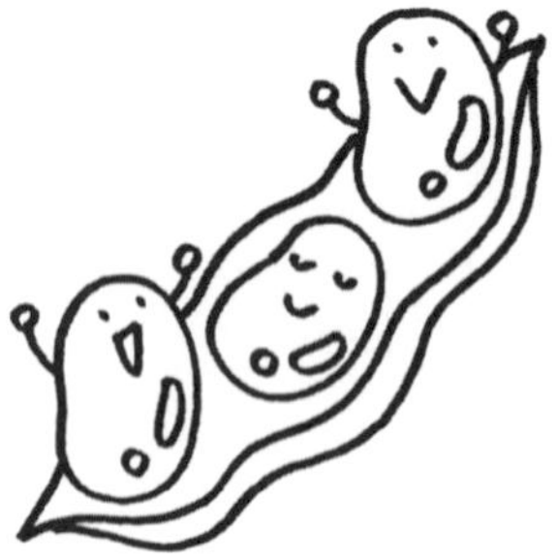

P046-09

P046-10

P046-11

P046-12

P046-13

P046-14

子どものようす（幼児）

P047-01

P047-02

P047-03

P047-04

P047-05

P047-06

P047-07

子どものようす（乳児）

P047-08

P047-09

P047-10

P047-11

誕生日

P047-12

P047-13

P047-14

P047-15

P048-01

P048-02

P048-03

P048-04

P048-05

P048-06

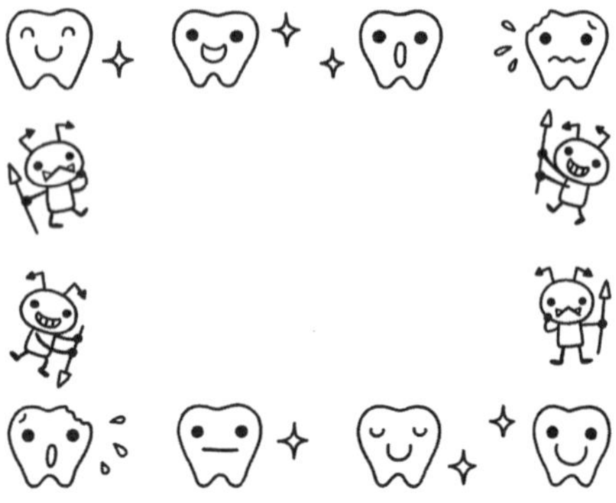
P048-07

P048-08

P048-12

P048-13

P048-09

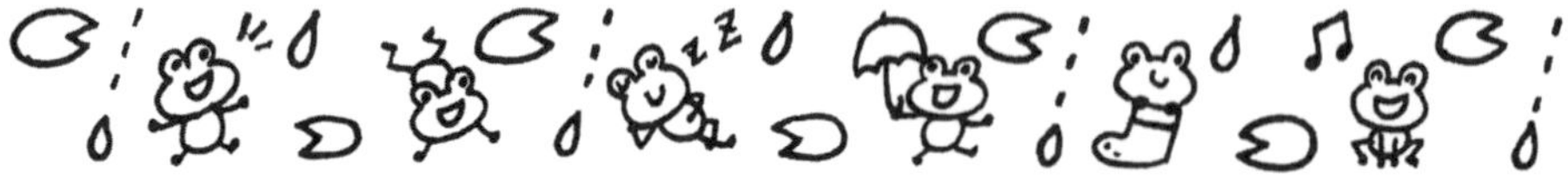
P048-10

P048-11

P048-14

P048-15

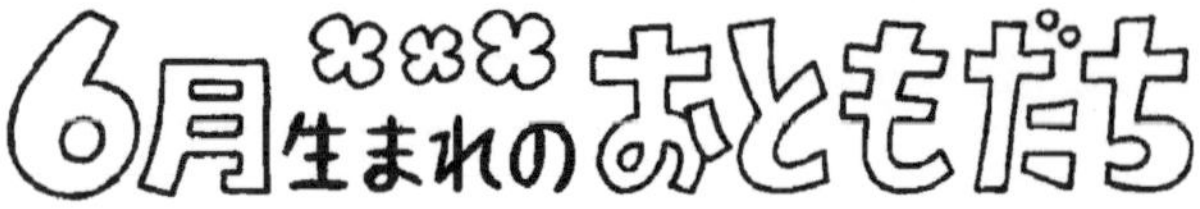

P048-16

P048-17

囲みイラスト＋文例

父の日の由来

1910（明治43）年、アメリカ・ワシントン州のジョン・ブルース・ドット夫人の提唱で、“父に対して日ごろの苦労と慈愛にこたえ感謝を捧げる日”を設定。1934（昭和9）年から、6月の第3日曜日をこの日に当てました。園では、父の日参観会を行ないます。

P049-01

カタツムリの秘密教えます

先週から飼い始めたカタツムリ。子どもたちはよく世話をして、たくさんの“発見”をしました。

「ニンジンを食べると赤いウンチをするんだ」「歩いた後にキラキラの道ができるよ」

今や、名前を付け“ツムちゃん”と呼ばれる、○○組の人気者となりました。

P049-02

かえるがうまれた!!

「オタマジャクシから足が出たよ」「手が生えてきた」と子どもたちは大パニック。水槽をのぞき込んでは生命の変化に驚き、喜ぶ毎日。ある日とうとう春から飼っていたオタマジャクシはカエルになりました。そこで、園庭の池にみんなで放してあげました。ちょっぴり寂しそうだった子どもたち……また会えるといいね。

P049-03

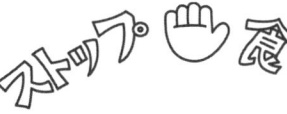

ストップ食中毒

気温も湿度も高くなるこの時期は、食べ物にカビが生えたり、腐りやすくなったりします。「冷蔵庫に入れておけば安心」は禁物！　できるだけ早めに食べるようにし、お弁当には、直前によく火を通したものを入れるようにしてください。

P049-04

6月生まれ おめでとう

お日さま　ワッと顔を出し
アジサイ　キラキラ光り出す
カタツムリさんも　やってきて
さあ　はじめよう
たんじょうパーティー
　おめでとう　おめでとう
　6月生まれの　おともだち

P049-05

頭もよくなる カミ カミ カミ

人は、1回の食事で平均300回そしゃくするそうですが、柔らかい食べ物が多くなると、かむ回数が減ってきます。かむことは消化を助けるだけでなく、脳への刺激にもなるのです！　きちんと歯をみがき、繊維の多い食物をよくかんで食べることが健康につながります。

歯を大切にして、今日もカミ、カミ、カミ！

P049-06

おたより文例

梅雨

P050-01

急にザアッと雨が降ってくると、大人は慌てて家の中に入りますが、子どもは……ほとんどの子が一度は外へ飛び出します。雨を触ったり、雨を見たりして喜んでいます。
雨にぬれて学ぶこともたくさんあるのです。園では小雨のときは、傘をさして散歩するなど、雨と遊ぶ工夫をした保育をしています。

時の記念日

P050-02

671 年、天智天皇が宮中に漏刻（ろうこく）という水時計を置き、鐘を打って時を知らせたのが時報の始まりといわれています。1920（大正９）年に、現在の暦で６月 10 日にあたるこの日を「時の記念日」に制定しました。

P050-03

子どもたちは、時間に興味を示しています。「３時はおやつの時間」「テレビの○○は６時に始まるよ」など、時間を入れながら会話する姿も見られます。

父の日

P050-04

今度の日曜日は、“父の日参観”です。日ごろじっくりとお子さんと接する時間の少ないお父様方に、たっぷりとふれあっていただくメニューを多数ご用意いたしました！　どうぞ動きやすい服装でおいでください。

P050-05

子どもたちは、お父さんが大好きです。園生活を見ることの少ないお父さんが、園に来るのを楽しみに待っています。父の日は、そうした父と子のコミュニケーションを通し、“ありがとう”の気持ちを伝えます。この行事を通して、子どもたちがよりお父さんに感謝と親しみの心を持ってほしいと思っています。

幼児

P050-06

今月は雨が多く、なかなか外で遊べません。子どもたちのあふれるばかりのエネルギーを発散させるため、室内ではマット遊びやとび箱など、ダイナミックな動きができるような遊びを工夫したいと思います。

P050-07

傘に長靴、レインコート。梅雨どきは子どもたちの身の回りの小物がぐっとにぎやかになります。でも、みんなは、そんな“雨仲間”ともじょうずにおつきあいできるんですよ。入り口でレインコートの水気をフルフル振り落としている○君。傘をしっかり巻いて、スマートにしてから傘立てに入れる○ちゃん。長靴だってじょうずに靴箱にしまえます。雨具となかよしになると、うっとうしい季節も気持ち良く過ごせますね。

乳児

P050-08

蒸し暑い日が続いているせいか、赤ちゃんたちも汗をびっしょりかいていることがあります。こまめに温度調整をして健康に過ごせるようにしたいと思っています。

P050-09

初めて履いた長靴がよほどうれしかったのでしょうか、なかなか脱ぎたがらないその姿に、思わず笑ってしまいました。

今月の目標

P050-10

○身の回りのことを、自分でやろうとする
○自分の好きな遊びを見つけて、集中して取り組む
○梅雨どきの自然に、興味や関心を持つ

お願い

P050-11

泥んこ遊びや、水遊びをする日が増えるので、着替えの服をいつもより多めに持たせてください。

食育

P050-12

「栄養」という言葉に興味を持ち始めた子どもたちのために、園では「赤の血や肉を作る食べもの」「黄色の働く力や熱になる食べもの」「緑の体の調子を整える食べもの」…と食品を３つの食べもののグループに分けて説明しています。

P050-13

３歳くらいの子どもが好き嫌いを言い出すのは、「自我」の発達が関係しているといわれています。嫌いな食品があっても、すぐに悪いことと決めつけず、調理法を変えたり、楽しい会話をしたりするなど、「だんだん自我が芽生えて育ってきているのね」と広い心で受け止めてください。

健康

P050-14

６月４日の、６・４の音に合わせ、虫歯予防デーとしたのは、1928（昭和３）年で、現在では歯と口の衛生週間の第１日目となっています。
虫歯予防には、規則正しい生活をすることが大切です。食事の時間、おやつの時間をきちっと決めて、だらだらと不規則な生活をさせないように習慣づけていきましょう。
また、よい歯質は、バランスの取れた食事から生まれます。
１日 30 品目とることを心がけたいですね。
もちろん食べた後は、歯磨きを忘れずに。

P050-15

梅雨の季節は、カビが生えたり、ものが腐りやすいことを知り、身の回りの清潔に関心を高め、自主的に手洗い・うがいができるように指導したいと思っています。

※誌面の都合上、本誌に掲載しきれなかった文例があります（CD-ROM 限定文例：P152 参照）。

7月 プール

P051-01

P051-02

P051-03

P051-04

P051-05

P051-06

P051-07

P051-08

P051-09

P051-10

P051-11

P051-12

P051-13

P051-14

七夕

P052-01

P052-02

P052-03

P052-04

P052-05

P052-06

P052-07

夏休み

P052-08

P052-09

P052-10

P052-11

P052-12

P052-13

P052-14

季節・自然

P053-01

P053-02

P053-03

P053-04

P053-05

P053-06

P053-07

P053-08

P053-09

P053-10

子どものようす（幼児）

P053-11

P053-12

P053-13

P053-14

子どものようす（幼児）

P054-01

P054-02

P054-03

P054-04

子どものようす（乳児）

P054-05

P054-06

P054-07

P054-08

P054-09

P054-10

P054-11

誕生日

P054-12

P054-13

P054-14

P054-15

ワクとケイ

7月

P055-01

クラスだより

P055-02

P055-03

7月

P055-04

P055-05

P055-06

P055-07

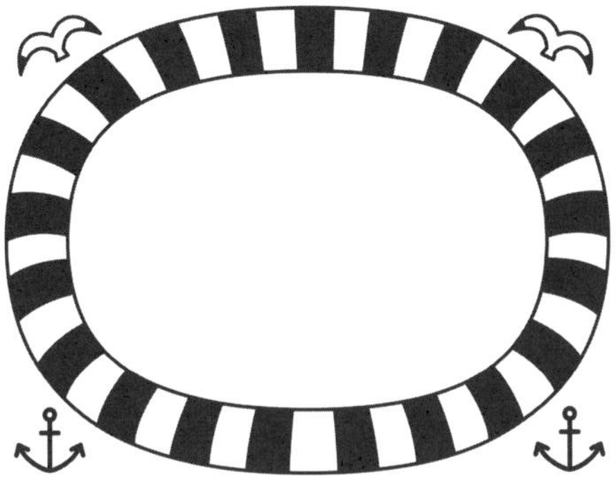

P055-08

P055-09

P055-10

P055-11

P055-12

P055-13

プールが始まります

P055-14

今月の予定

P055-15

7月うまれのおともだち

P055-16

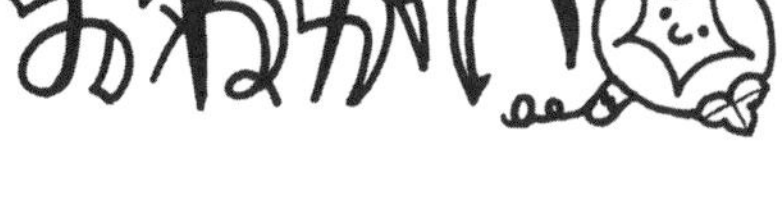
おねがい!

P055-17

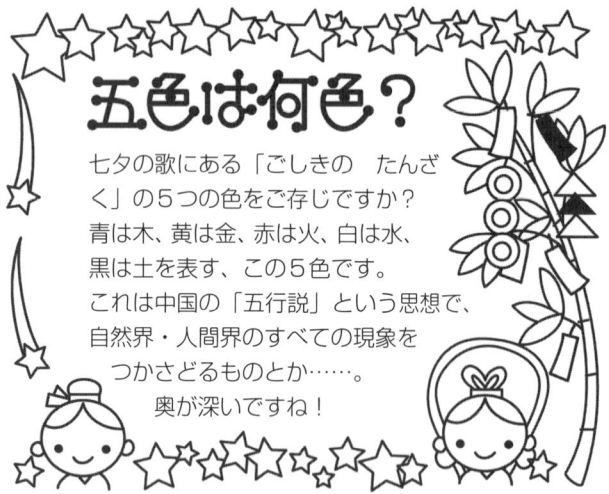

五色は何色？

七夕の歌にある「ごしきの　たんざく」の５つの色をご存じですか？
青は木、黄は金、赤は火、白は水、
黒は土を表す、この５色です。
これは中国の「五行説」という思想で、
自然界・人間界のすべての現象を
つかさどるものとか……。
奥が深いですね！

P056-01

ぼくのパンツどれ？

プール遊びが本格的に始まります。
衣服の着脱の際、パンツやシャツなどに名前が書かれていないため、友達のものと間違えて着てしまったり、迷子になったりする下着があります。
もう一度名前が書いてあるか、ご確認ください。

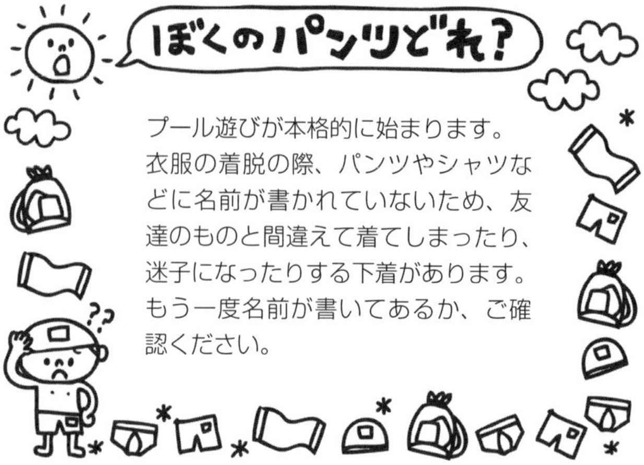

P056-02

海の日

７月の第三月曜日は「海の日」。『うみ』の歌を元気にうたう子どもたちは、「海がないと海水浴できないもん」「お魚だって食べられないよ」と、ちゃんと海の大切さを知っていました。
Ｈ君が、「夏休みに海に行くから、ありがとうって言っておく」とみんなの代表でお礼を言ってくれることになりました。
頼んだよＨ君！

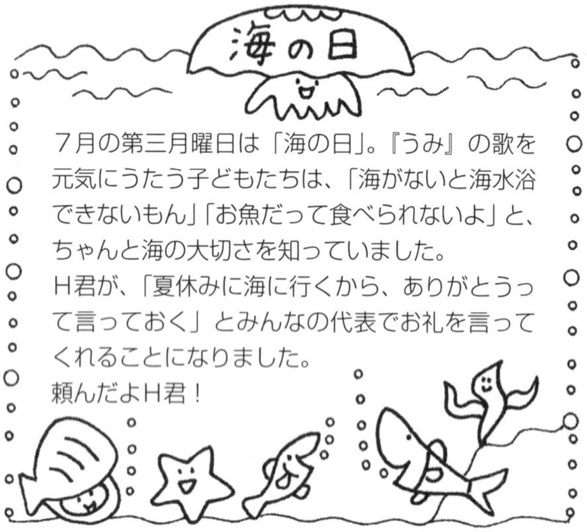

P056-03

ぬか漬けのすすめ

暑くて食欲のないときには、少し塩分のある、ぬか漬けがおすすめ！
「ぬか床」には、腸内の善玉コレステロールを増やす微生物が住んでいます。
「糠（ぬか）」という字は、健康の康と、米が合体したともいわれているんですよ！

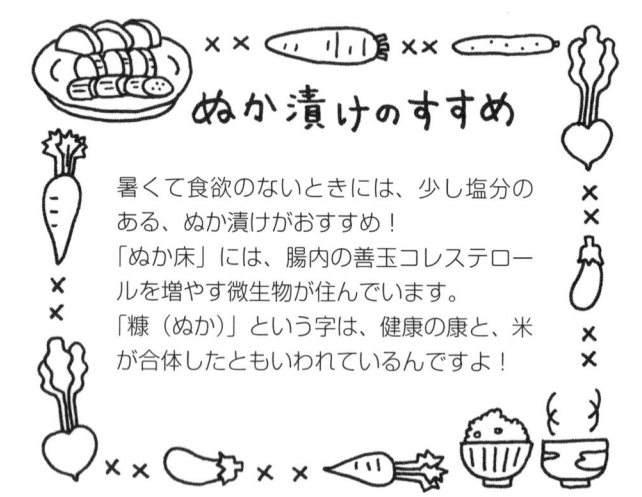

P056-04

7月生まれ おめでとう

あつい　夏の日に　みんなは
オギャーと　生まれたよ
ミンミンゼミも　びっくりの
元気な　大きな声だったって
ヒマワリのように　明るく
カブトムシのように
たくましく　すくすく元気
７月生まれの　おともだち

P056-05

ちゃんと守れるかな？

子どもたちと「夏の約束」をしました。
☆ 夜更かしをせず、早寝早起きをする。
☆ 戸外に出るときは、帽子をかぶる。
☆ 出かけるときは、大人といっしょに。
近くに行くときは、行き先を必ず言って出かける。
みんな「ちゃんと守るよ」と張り切っています。ご協力をお願いします。

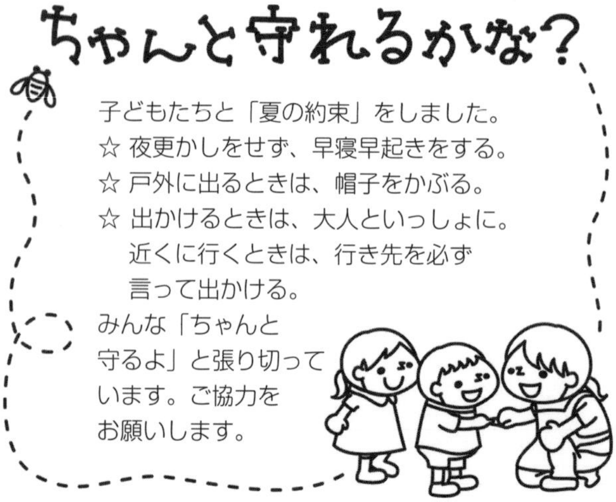

P056-06

●● おたより文例 ●●

● 七夕 ●

P057-01

「運転士さんになりたい」「バレリーナになりたい」など、かわいいお願い事の書かれた短冊が、風に揺れています。園庭のササ飾りをぜひ見に来てください。

P057-02

夏の夜空の北から南にかけて見られる白っぽく光る帯、これが天の川です。星が多く集まっている部分が光る川のように見えるのです。都会では星が見えなくなりましたが、それでも七夕の夜には空を見上げてお子さんとファンタジーの世界にひたってみてはいかが？

● プール遊び ●

P057-03

プール開きは、もうすぐです。楽しく水遊びするためには、健康チェックが大切です。体調の悪いときは無理をせず、目·耳·皮膚などの病気は、早めに治療しておきましょう。
プールが始まりましたら、天候にかかわらず、毎日水着を持たせていただくと同時に、プールカードへの体温記入や捺印なども、お願いいたします。

P057-04

待ちに待った真夏の日ざしに、プール遊びが始まりました。元気いっぱい勢いよく水の中に入ってくる子もいれば、顔に水がかかるだけでも泣き出しそうな顔の子もいます。プール遊びでは、まず水に慣れ親しむことから始めます。水を怖がる子には、身体や顔に水をつけて徐々に慣らすことから、プールを楽しめる子には、友達といっしょに遊ぶ楽しさを伝えていきたいと思います。

● 個人面談 ●

P057-05

夏休みに保護者の方と個人面談を行ないます。子どもたちの１学期の成長・園での生活、また今後のことについて具体的に話し合いたいと思います。後日、予定表をお渡ししますが、ご都合のつかない日がある方は、事前に連絡帳にその旨をお書きください。

● 幼児 ●

P057-06

毎朝大泣きしていた子が、お迎えが来ても「帰りたくない！」と言うようになりました。おおぜいの友達といっしょに、歌ったり踊ったりする喜びも知りました。夏休みを目前に控え、子どもたちの成長をあらためて感じています。

P057-07

○日の海の日を前に、○日は△△港の遊覧船の見学会へ。プールや映画館もある豪華客船や、大きなトラックも乗せるカーフェリーの絵本を見せると、子どもたちは興味津々。「おもちゃ屋さんもあるといいな」と○君。さあて、それはどうかな?!

● 乳児 ●

P057-08

０歳児クラスはかわいいビニールプールで水遊び。チャプチャプ、ポチャポチャ、涼しいね。どの子も気持ち良さそうに水につかっています。金魚やアヒルの玩具を浮かべて、汗も引っ込む楽しさです。

● 今月の目標 ●

P057-09

○水遊びやプール遊びなど、開放感のある夏の遊びを楽しむ
○七夕など日本古来の伝統行事に親しみ、製作活動を通して、積極的に参加する

● お願い ●

P057-10

おうちの方と子どもたちがいっしょに、１学期間使った保育室をきれいにして終業式を迎えたいと思います。ぞうきんの絞り方、ふき方などいっしょにお掃除しながら子どもたちに教えてください。ご協力をお願いします。

P057-11

“水鉄砲”を作ります !! 材料はかんたん !! ご家庭にある食器用洗剤などのからになったものなら何でもＯＫ！ 押すと中の水がピュッと出てくるような容器を子どもたちに持たせてください。

● 食育 ●

P057-12

旬の食材は甘味やうま味があり、おいしく食べられます。園のプランターで育てた夏野菜「ミニトマト」「オクラ」「ナス」は給食にも登場しますよ。

P057-13

日本人の一番不足しがちな栄養素は、カルシウムといわれています。カルシウムを含む食品の代表格は牛乳ですが、飲めばよいというわけではありません。日光に当たったり、運動をしたりすることで、カルシウムが体内に定着するのです。

● 健康 ●

P057-14

十分に眠ったあとでも、赤い顔をして熱っぽいことがあります。水分を与え安静にさせておくと平熱に戻りますが、赤ちゃんは気温の変化に体がついていけず、こうした夏季熱を出すことがあります。ご家庭でも注意してください。

P057-15

暑いからと、クーラーの利いた部屋の中ばかりにいたり、冷たいものばかりをとったりしていたのでは、心や体によくありません。気が緩みがちになる暑い夏ですが、時間や生活リズムの調整にご注意ください。

※誌面の都合上、本誌に掲載しきれなかった文例があります（CD-ROM 限定文例：P152 参照）。

夏休み

P058-01

P058-02

P058-03

P058-04

P058-05

P058-06

P058-07

P058-08

夏期保育

P058-09

P058-10

P058-11

P058-12

P058-13

P058-14

P059-01

P059-02

P059-03

P059-04

P059-05

P059-06

P059-07

P059-08

P059-09

P059-10

P059-11

P059-12

P059-13

P059-14

●● 季節・自然 ●●

P060-01

P060-02

P060-03

P060-04

P060-05

P060-06

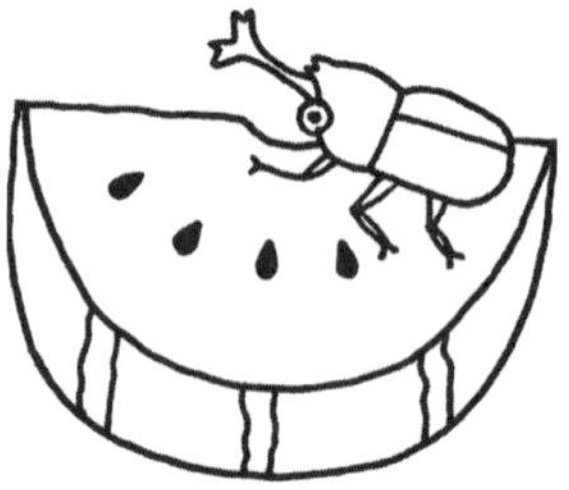

P060-07

P060-08

子どものようす（幼児）

P060-09

P060-10

P060-11

P060-12

P060-13

P060-14

P060-15

子どものようす（乳児）

P061-01

P061-02

P061-03

P061-04

P061-05

P061-06

P061-07

P061-08

P061-09

P061-10

誕生日

P061-11

P061-12

P061-13

P061-14

8月

P062-01

クラスだより

P062-02

P062-03

8月

P062-04

P062-05

P062-06

P062-07

P062-08

P062-09

P062-10

P062-11

P062-12

P062-13

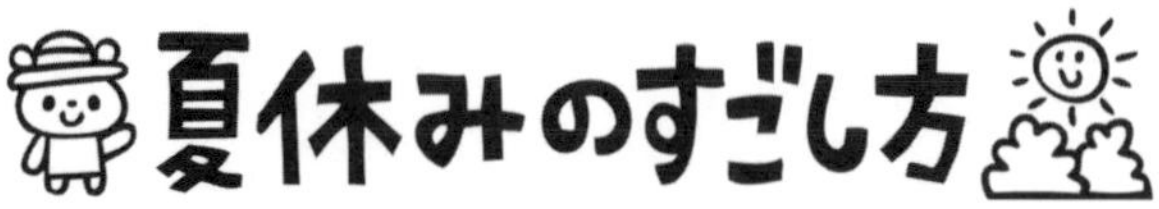
夏休みのすごし方

P062-14

お泊まり保育

P062-15

8月生まれのおともだち

P062-16

おねがい

P062-17

●囲みイラスト＋文例●

ハアー ヨイヨイ

園庭からトンテンカンテンとやぐらを組む音がします。もうすぐ夕涼み会。暑い中、ご近所の大工さんたちが、盆踊りのやぐらを建ててくれています。休み前に一生懸命練習した盆踊り。ゆかたや甚平でかっこよく踊ろうね。お父さん、お母さんたちの焼きそばやヨーヨーのお店も開店しますよ。

祭

P063-01

秋がチラチラ

８日は立秋。暦のうえでは秋となります。窓の外では太陽ががんばっていますが、気温はこの日を境に少しずつ下がってきます。セミのコーラスに替わって、秋の虫たちがオーケストラの準備を始めるころですね。夏もまもなく折り返し地点。寝冷えなどで体調を崩したりしないよう、お気をつけください。

P063-02

ドロローン、お化け大会

青い空、ムクムクわいてる入道雲。
お化けさんからも○○園のみんなと夏の夜を楽しみたいってお手紙が届きましたよ。
○日は夜の園に来てください。
どんなお化けさんに会えるかな？!
ドキドキしながら、お化けさんとも
お友達になっちゃおう！
みんなの大好きな花火
大会もあります。

P063-03

スイカ豆知識

古くから、スイカは、利尿作用があり、むくみや解毒に役だつ食べ物とされてきました。最近の研究では、紫外線の強い夏は、体内に活性酸素が発生しやすくなるのを、スイカに含まれる、赤い色の「リコピン」が酸化を防いでくれるのだそうです。暑さによる夏バテやシミなどにも効くそうですよ!!

P063-04

8月生まれおめでとう

8月は「いっぱい」の月です
太陽が　いっぱい　アサガオも　いっぱい
アイスも　いっぱい　汗も　いっぱい
そして　8月生まれは　元気がいっぱい！
だから　オメデトウも　いっぱい　言おう
お誕生日　おめでとう
オメデトウ、お･め･で･と･う！

P063-05

熱中症に気をつけて

体の中と外の暑さによって引き起こされる、さまざまな体の不調が、熱中症です。
睡眠不足や疲労などが引き金になって「暑さに、やられたあ！」ということがありますね。これに高い気温と湿度が加わると、ボーッとして意識がなくなったりします。こまめな水分補給と体調管理を心がけてください。

P063-06

おたより文例

夏期保育

P064-01

今月は夏休みを取るご家庭も多く、登園して来るお子さんがいつもより少ないので、たてわり保育（異年齢児保育）を行ないます。ひとつのクラスの中に3･4･5歳児が各5名ずつ入ります。下の子のめんどうを見る年長児。新しい遊びを教えてもらう年少児など、きっと人間関係の幅が広がることでしょう。

夏祭り

P064-02

長いお休みを前に、今年も「夏祭り」を計画しました。夏の夜のひととき、踊りの輪を広げて愉快に汗を流し、花火を見たりちょうちん行列をしたり…、夏祭りの雰囲気を楽しんでいただきたいと思います。みなさまおそろいでお出かけください。

P064-03

金魚すくい、ヨーヨー釣り…大人には、子どものころを思い出すような、懐かしいお店が勢ぞろい。子どもたち手作りのお店に、保護者会のみなさまのおいしい屋台。縁日の雰囲気を、ご家族みなさまにお楽しみいただきたいと思います。

P064-04

盆踊りの曲がかかると「ワーイ」という歓声とともに、保育室や園庭のあちこちで子どもたちが踊りだします。年長組はわざわざ小さい組にまで踊りに行き、気分は絶好調!! 大人の方にも講習会を開きます。講師はもちろん年長児。都合のよい日に、ご参加ください。

夏休み

P064-05

「夏休みにおばあちゃんの家に行くの」「海に行くんだ」と、子どもたちは夏休みを心待ちにしています。きっと楽しい計画がたくさんあるのでしょうね。

P064-06

夏休みの過ごし方について、みんなと約束をしました。
○早寝早起きをしましょう。
○戸外では帽子をかぶりましょう。
○家の人に行き先を言ってから遊びに行きましょう。
○冷たいものを食べすぎないように気をつけましょう。
以上の4つです。ぜひご家庭でもご協力ください。

暑中見舞い

P064-07

おたより、ありがとう。夏休みも半分が過ぎました。園ではみんなが育てたアサガオが、毎朝たくさんの花を咲かせています。今朝は27個も咲きました。

P064-08

暑中お見舞い申しあげます。お日さまパワーに負けないで、海や山や川、魚や虫たちと、うんと仲よしになって、いっぱい遊んでください。園が始まったら、夏の思い出を聞かせてね。

幼児

P064-09

「暑くて暑くて、体から涙がたくさんでちゃう……」?! おやおや何のことかと思ったら、汗が出てきたんですね。子どもたちが言うとおり、汗は体の涙かもしれません。暑さに負けず元気にこの夏を乗り切りたいと思っています。

P064-10

今日は絵の具でジュース屋さんごっこをしました。「できた、できた。メロンジュース、お待ちどうさまぁ」「こっちは黄色いヒマワリジュースだよ」「みんな混ぜたら黒くなったよ。これ何ジュース？」と言ったら、○ちゃんが「ドクダミ茶だよ」ウーン、なるほど。アイディアあふれる夏の色水ごっこです。

乳児

P064-11

暑さが厳しいので、お散歩の時間はいつもより短くしていますが、先日は涼しかったので、ゆったりと散歩を楽しみました。帰ってきたら「楽しかったねーっ、今日のおさんぽ」と子どもたち。ちゃんとわかっているんですね。

P064-12

まだ言葉の出ない赤ちゃんでも、わらべうたをうたうと、遠くにいてもハイハイでやって来て、「もっと、もっと」と言うように目で訴えてきます。時代を超えて脈々と歌い継がれるわらべうたの力に頭が下がります。

今月の目標

P064-13

○相手の気持ちに気づき、順番を待ったり、譲り合って物を使ったりする
○活動した後は、休息を取り、体調を整えて過ごす
○異年齢の友達と楽しく遊ぶ

食育

P064-14

夏の風物詩といえる「トコロテン」は、海草のテングサが原材料です。家庭で作るときには、寒天から作りますが、実はトコロテンを凍らせ水分を蒸発させ乾燥したものが寒天なのです。ノンカロリーで食物繊維がいっぱいの健康食品。夏のおやつにおすすめです。

健康

P064-15

紫外線は、太陽の光に含まれています。この光によって人間は体内でビタミンDを合成します。そのほか殺菌効果があるなどの有益な面もありますが、浴びすぎると肌や目に悪影響を及ぼします。特に乳幼児は浴びすぎないよう、夏の外出は午前中や夕方がいいですね。

※誌面の都合上、本誌に掲載しきれなかった文例があります（CD-ROM限定文例：P152参照）。

防災・交通安全

P065-01

P065-02

P065-03

P065-04

P065-05

P065-06

P065-07

P065-08

P065-09

P065-10

お月見

P065-11

P065-12

P065-13

P065-14

お月見

P066-01

P066-02

P066-03

敬老の日

P066-04

P066-05

P066-06

P066-07

P066-08

P066-09

P066-10

P066-11

P066-12

P066-13

P066-14

季節・自然

P067-01

P067-02

P067-03

P067-04

P067-05

P067-06

P067-07

P067-08

P067-09

P067-10

子どものようす（幼児）

P067-11

P067-12

P067-13

P067-14

子どものようす（幼児）

P068-01

P068-02

P068-03

子どものようす（乳児）

P068-04

P068-05

P068-06

P068-07

P068-08

P068-09

P068-10

誕生日

P068-11

P068-12

P068-13

P068-14

9月
P069-01

クラスだより
P069-02

P069-03

9月
P069-04

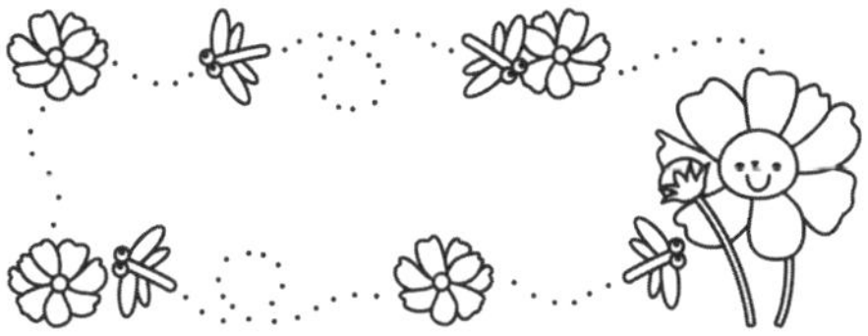
P069-05

P069-06

P069-07

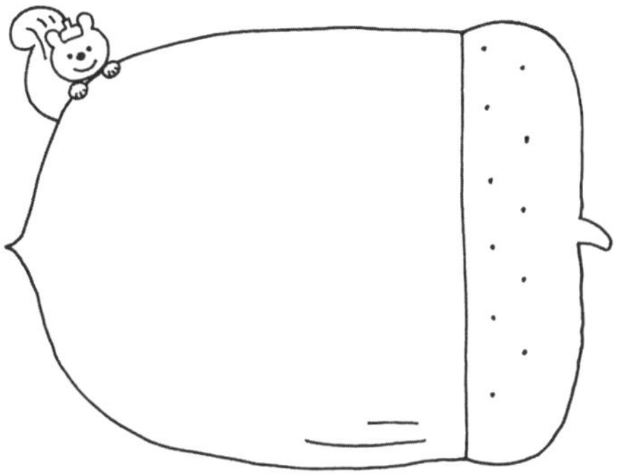
P069-08

P069-09

P069-10

P069-11

P069-12

P069-13

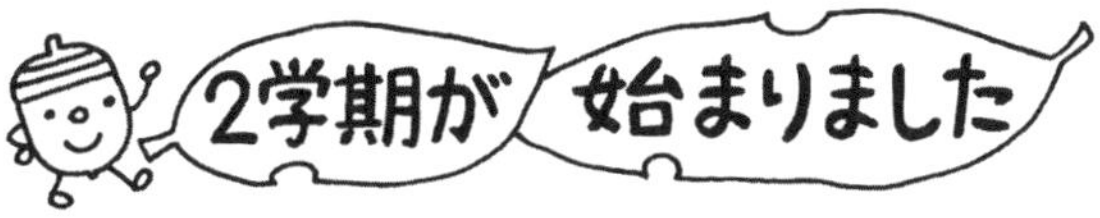
2学期が 始まりました
P069-14

敬老の日
P069-15

9月生まれのおともだち
P069-16

お知らせ
P069-17

囲みイラスト＋文例

敬老の日

みんなでおじいちゃんやおばあちゃんの絵を描きました。Kちゃんは、編み物をしているおばあちゃんの絵。手編みのセーターを送ってくれるのだそうです。たくさんのお皿とおじいちゃんを描いたF君。どうやらおじいちゃんの趣味は陶芸のようです。○日は、敬老の日のつどいです。子どもたちの描いた絵をぜひ見に来てください。

P070-01

備えあれば憂いなし

日ごろから災害を防ぐ心構えと準備のため、○日に避難訓練を行ないます。おさない、かけない、しゃべらない、のおかしの原則を紙芝居で説明し、防災ずきんをかぶって練習します。
みなさま、ご家庭の備えはだいじょうぶですか？

P070-02

知っていますか？ 自転車の交通ルール

自転車は免許は必要ありませんが、実は原付（原動機付き自転車）や自動二輪車などのオートバイと同じです。酒酔い運転はもちろん、２人乗りや自転車同士が２台以上並んで走ることも禁止。道路交通法で処罰の対象になります。この機会に交通ルールを見直してみてくださいね。

P070-03

芋名月

「お月見」を「芋（いも）名月」と呼ぶことがあります。これは芋（里芋）をお月様に供えるからです。
里芋は、ビタミンB1やカルシウムのほかに「ぬめり」の成分ムチンを含んでいます。ムチンは胃の粘膜を保護したり、老化を予防したりするともいわれます。

P070-04

9月生まれおめでとう

秋風さんが　吹いてきて
「9月生まれの　おともだち　おめでとう！」って
言いました
クリの実　カキの実　実る秋
心に大きな実がなるように
元気に育て　9月生まれの　おともだち

P070-05

✚健康注意報✚

いっぱい出ていたあせもも治まり、お昼寝中にかきむしることもなくなりました。でもまだ暑い日があったり、急に涼しくなったり…と季節の変わり目は体調を崩しやすく注意が必要です。衣類の調節も大切ですので、ご家庭でもご配慮いただきますよう、よろしくお願いします。

P070-06

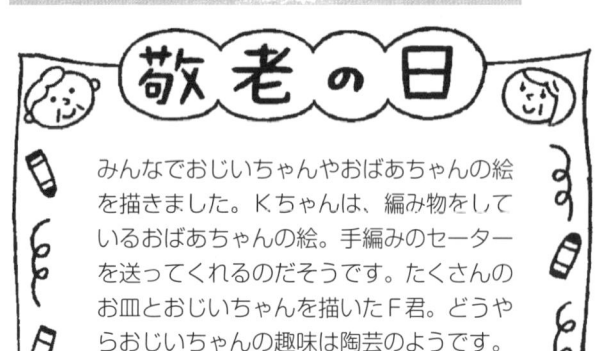

おたより文例

２学期

P071-01

子どもたちに、日焼けと楽しい夏の思い出を残して、長い休みも終わりました。すっかり背が伸びて、ひと回りたくましくなった子どもたちに、具体的な目標を持たせながら、この２学期の生活、活動を充実させていきたいと思います。

P071-02

たっぷりと楽しんだ夏休みも終わり、今日からは気持ちも新たに２学期の始まりです。大きな行事に取り組みながら、子どもたちがぐんぐん伸びる学期です。さわやかなスタートが切れるよう、規則正しい生活に切り替えていきましょう。

交通安全運動

P071-03

信号の赤は「止まれ！」、青は「進め！」、黄色は「注意！」と元気に答える子どもたちですが、園の外に出てみると、車に気づかず、道に咲いている花を摘んだり、石を拾ったりしていることもあります。散歩に出かけたとき、“道は、どうやって歩くの？”“横断歩道のない道路はどうする？”と、実際に経験する中で、交通ルールを知らせていきたいと思います。

お月見

P071-04

○日は十五夜の「お月見会」です。みんなで団子を作ります。当日エプロンと三角きんにできるぐらいの大きなハンカチを持ってきてください。園では本物の月は見られないので、絵本を見てウサギの昔話や宇宙について話し合いたいと思います。

P071-05

旧暦では７～９月が秋。８月（現在の９月）は、その真ん中なので「仲秋」です。その月の満月が「仲秋の名月」。１年で一番きれいな月を、お子さんといっしょにぜひ見てください。

敬老の日

P071-06

ご年配の方々とのふれあいの少ない園児たちにも、ゆったりとした温かさや豊かさを感じ取らせたいと考え、「敬老の日」の集いを計画いたしました。みなさまには、ご予定もあるかと存じますが、ぜひご参加いただきたく、ご案内いたします。

P071-07

老人会の方々が園にいらして、紙芝居やけん玉で楽しませてくれました。最初は固くなっていた子どもたちも、熟練の技にしだいに引き込まれて、いつしか和やかに。「けん玉の名人」に、子どもたちの尊敬のまなざしが集まっていました。

P071-08

敬老の日、今年は年長さんが○○ホームを訪問します。おじいちゃんやおばあちゃんたちと「いっしょに歌おう」と、懐かしい童謡を練習中。○ちゃんは、「お手玉を教えてもらうの」と楽しみにしています。

幼児

P071-09

夏休みの思い出を楽しそうに話していた子どもたちが、「でも…先生に会えなかったから、ちょっと寂しかったな」「うん、ぼくも…」と何だか急にしんみり…。思わず駆け寄って子どもたちをぎゅっと抱き締めてしまいました。

P071-10

○君がトノサマバッタを持ってきてくれました。「おーいって呼んだらこっちを向いたよ」と○ちゃん。でも、バッタの耳ってどこ？　図鑑で調べてみるとなんと、後ろ足の付け根にあることが判明！　みんなで「へ～っ！！」と目を丸くしました。

乳児

P071-11

お散歩のたびに、見つけた石ころに話しかける子がいます。それを見た別の子が、おいしいものと思ったのか、口に入れようとしました。小さなチャレンジャーからは目が離せません。

P071-12

運動会のダンスは『どうぶつたいそう１・２・３』をやります。ゾウさんに、ペンギンさん。お気に入りのゴリラさん。みんなウッホウッホとなりきって熱演中です。どうぞお楽しみに。

今月の目標

P071-13

○夏の疲れが出やすいので、生活リズムを整えながら過ごす
○運動遊びに興味を持ち、進んで参加する
○秋の自然の中で遊び、季節の変化を肌で感じ取る

食育

P071-14

世界で一番多く生産されていて、その栄養値の高さから「畑のミルク」と呼ばれているのがブドウ。ビタミンだけでなく、カリウム・鉄・亜鉛・銅などのミネラルが豊富で、抗酸化作用の高いポリフェノールがたっぷり。老化やガン抑制の効果もあります。

P071-15

お月見団子を作りましょう！　上新粉に水を入れて耳たぶぐらいの硬さにします。これを小さく丸め、蒸し器で蒸したらでき上がりです。お供えをするときは、サトイモを皮のまま蒸した「きぬかつぎ」やカキ・クリなど、丸い形のものをいっしょに飾ると縁起がよいそうですよ。

健康

P071-16

子どもの足はどんどん大きくなるので、靴が小さくて、足にマメができたりしていないか、時々見てあげてください。足先に５～ 10mm のゆとりがあり、甲の部分に固定できるベルトが付いているものがよいでしょう。

※誌面の都合上、本誌に掲載しきれなかった文例があります（CD-ROM 限定文例：P152 参照）。

秋の遠足

P072-01

P072-02

P072-03

P072-04

P072-05

P072-06

P072-07

P072-08

P072-09

P072-10

ハロウィン

P072-11

P072-12

P072-13

P072-14

運動会

P073-01

P073-02

P073-03

P073-04

P073-05

P073-06

P073-07

P073-08

P073-09

P073-10

P073-11

季節・自然

P073-12

P073-13

P073-14

P073-15

季節・自然

P074-01

P074-02

P074-03

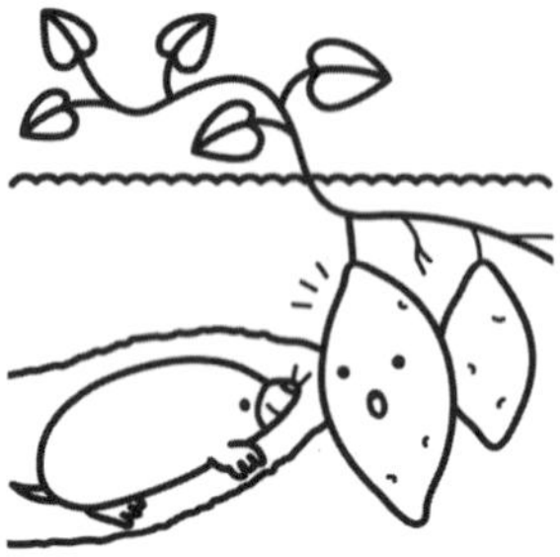

P074-04

P074-05

P074-06

P074-07

子どものようす（幼児）

P074-08

P074-09

P074-10

P074-11

P074-12

P074-13

P074-14

子どものようす（乳児）

P075-01

P075-02

P075-03

P075-04

P075-05

P075-06

P075-07

P075-08

P075-09

P075-10

誕生日

10月
生まれの
おともだち

P075-11

P075-12

P075-13

おたんじょうび
おめでとう

P075-14

ワクとケイ

10月
P076-01

クラスだより
P076-02

P076-03

10月
P076-04

P076-05

P076-06

P076-07

P076-08

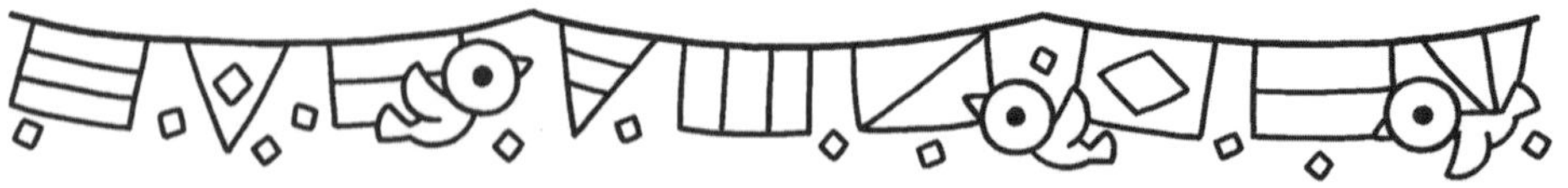
P076-09

P076-10

P076-11

P076-12

P076-13

うんどうかい
P076-14

行事予定
P076-15

10月生まれのおともだち
P076-16

お願い
P076-17

囲みイラスト＋文例

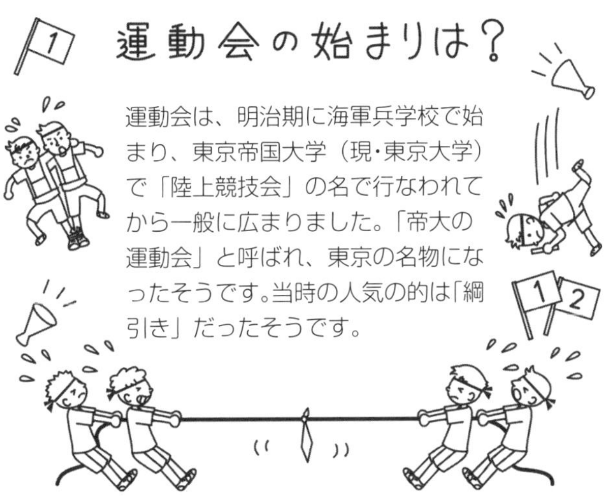
運動会の始まりは？
運動会は、明治期に海軍兵学校で始まり、東京帝国大学（現・東京大学）で「陸上競技会」の名で行なわれてから一般に広まりました。「帝大の運動会」と呼ばれ、東京の名物になったそうです。当時の人気の的は「綱引き」だったそうです。
1
1
2

P077-01

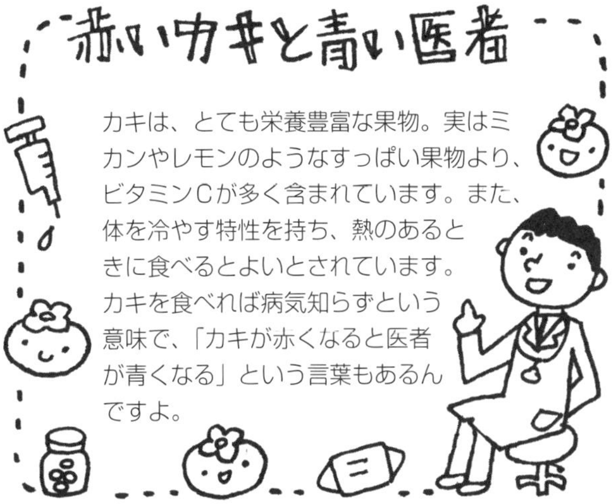
赤いカキと青い医者
カキは、とても栄養豊富な果物。実はミカンやレモンのようなすっぱい果物より、ビタミンCが多く含まれています。また、体を冷やす特性を持ち、熱のあるときに食べるとよいとされています。
カキを食べれば病気知らずという意味で、「カキが赤くなると医者が青くなる」という言葉もあるんですよ。

P077-02

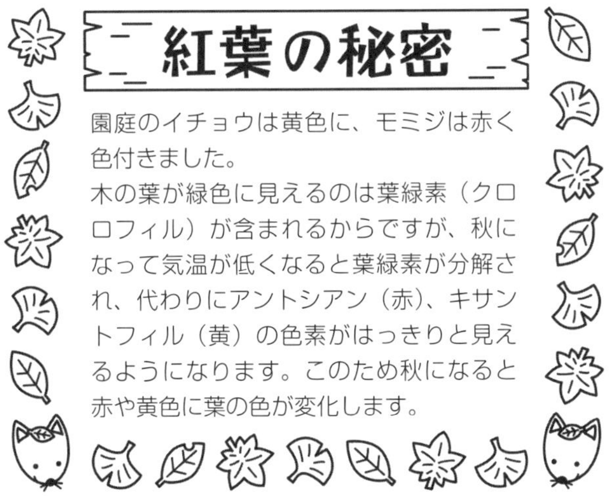
紅葉の秘密
園庭のイチョウは黄色に、モミジは赤く色付きました。
木の葉が緑色に見えるのは葉緑素（クロロフィル）が含まれるからですが、秋になって気温が低くなると葉緑素が分解され、代わりにアントシアン（赤）、キサントフィル（黄）の色素がはっきりと見えるようになります。このため秋になると赤や黄色に葉の色が変化します。

P077-03

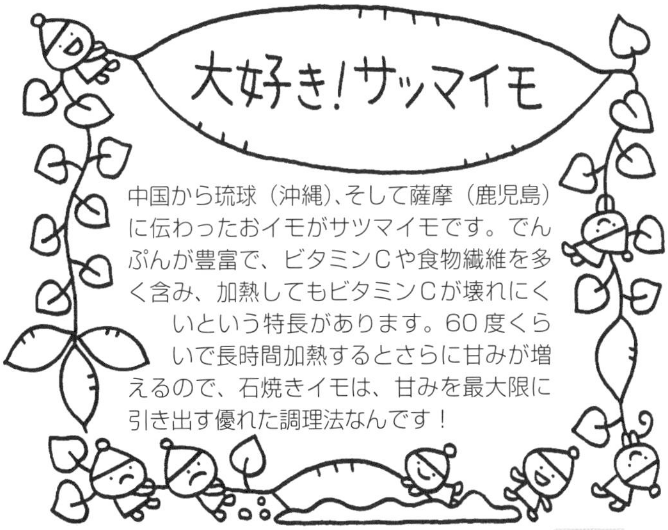
大好き！サツマイモ
中国から琉球（沖縄）、そして薩摩（鹿児島）に伝わったおイモがサツマイモです。でんぷんが豊富で、ビタミンCや食物繊維を多く含み、加熱してもビタミンCが壊れにくいという特長があります。60度くらいで長時間加熱するとさらに甘みが増えるので、石焼きイモは、甘みを最大限に引き出す優れた調理法なんです！

P077-04

10月生まれ
おめでとう
モミジのような　ちっちゃな手に
ドングリ　ギュッと握りしめ
イワシ雲の下を　元気に　とっとこかけ回る　パワー全開！
10月生まれの　おともだち
おたんじょうび　おめでとう

P077-05

大切にしようね 2つの目
10月10日は目の愛護デー。10をふたつ横にすると…ねっ、目を描いたようでしょう？ 目は一度悪くするとなかなか元には戻りません。テレビやゲームの見すぎには十分ご注意を。美しい秋の景色を眺めると、きっと目も喜ぶことでしょう。

P077-06

おたより文例

運動会

P078-01

子どもたちはみんな、運動会に向けて生き生きと活動しています。中でもリレーが大好きです。走るほうも応援するほうも一生懸命。ひとりひとりが与えられた場で必死でがんばり抜く姿には、速くても遅くても感激してしまいます。運動会まであと少し。がんばれ、ちびっこアスリート！

P078-02

さわやかな秋の一日、第○回の運動会が行なわれます。運動会は健康な体作りを第一の目標にしていますが、それだけでなく最後までがんばる力や、集団で協力して行動する力をも養います。勝ち負けだけにこだわらず、子どもたちの持っている力を十分に発揮させたいと思っています。

P078-03

運動会が終わって２日がたちますが、当日の興奮がまだ残るのか、今日も子どもたちがあのときはああだった、こうだった、と笑顔で話しかけてきます。心に残る運動会でほんとうによかったなあと思います。また、多くの保護者のみなさまに、お手伝いいただいたことを職員一同感謝しております。

遠足

P078-04

○日に○○農園でおイモ掘りをします。お弁当、ぬれタオル、そしておみやげに少しおイモを持ち帰りますので、持ち手付きのポリ袋をお持たせください。

P078-05

「おイモは、木になってるの？」こんな素朴な疑問を持つことが、感動する心の基礎といえるかもしれません。イモ掘り遠足では、子どもたちが、じかに土に触れ、イモを掘り起こして、収穫の喜びを味わいたいと思います。

親子観劇会

P078-06

○○劇場にて、親子で劇を見る会を計画しました。出し物は、『おおかみと７ひきのこやぎ』。子どもたちが大好きな劇遊びでもあります。おはなしの世界に引き込まれ、「わくわく」「ドキドキ」「おもしろい！」「こわい！」などの胸のときめきや感動を、友達や保護者の方と共有する場にしたいと思います。

衣替え

P078-07

半そでのスモックから長そでの冬服へ。10月１日から衣替えをしますが、名前が消えていないか確かめてください。案外気がつかないのが帽子のゴムひも。緩〜くなっていませんか？

P078-08

10月から衣替えですが、運動会までは、毎日、夏体操服と紅白帽子で通園してください。冬制服は運動会が終了してから、着用することになります。

幼児

P078-09

花壇のコスモスが毎朝子どもたちを優しく迎えてくれています。風に揺れるコスモスが「おいで、おいで」と言っているようだとニコニコうれしそうな○ちゃん。「ありがとう、きれいだね〜、コスモスさん♪」と歌でお返事していました。コスモスがほほほと笑ったようでした。

P078-10

「秋ってどこなの？」と○ちゃんが聞くので、散歩しながらみんなでキョロキョロ秋探し。上を見上げると、ほら、アカトンボ。周りをグル〜ッと見ると…。あったよ、黄色いキクの花。足下には、カサカサ落ち葉。そのとき、みんなの前を焼きイモ屋さんが…。「これも秋じゃないの？」と○君。う〜ん、いいにおい。目も耳も鼻も秋を楽しんだ１日でした。

乳児

P078-11

まだ歩けない赤ちゃん組ですが、ちゃんと運動会に参加します。その名も「ジャングル探検レース」！　ベビーカーに乗って、ジャンジャカ走りますよぉ〜！

P078-12

散歩で集めたドングリに、きりや目打ちなどで穴をあけ、つまようじを差せばハイ、ドングリごまのでき上がり。思いのほかよく回り、子どもたちは大喜び。顔を描いたり色を付けたりして、ゆかいに遊びました。

今月の目標

P078-13

○運動会を通して、みんなで力を合わせることの大切さに気づく
○木の葉、ドングリなど、秋の自然物で遊ぶ
○絵本や物語を楽しむ

食育

P078-14

「うちでは絶対ニンジンは食べない」と言って悩んでいる保護者の方々はぜひ園での給食を見学しに来てください。園では、ほとんどの子が好き嫌いなく食べています。同じ年齢の子どもと食べることで刺激し合っているからかもしれません。ちょっとした偏食は、あまり深刻に考えないでもだいじょうぶですよ。

健康

P078-15

10月10日は目の愛護デーです。本やテレビを見るときは、室内を明るくしましょう。テレビは近寄って見ると、目を悪くします。テレビゲームやゲーム機など、長時間画面を見ることがないよう、時間を区切って遊びましょう。

※誌面の都合上、本誌に掲載しきれなかった文例があります（CD-ROM限定文例：P152参照）。

勤労感謝の日

otayori ▸▸ 11gatsu ▸▸ P079

P079-01

P079-02

P079-03

P079-04

P079-05

P079-06

P079-07

七五三

P079-08

P079-09

P079-10

P079-11

P079-12

P079-13

P079-14

P080-01

P080-02

P080-03

P080-04

P080-05

P080-06

P080-07

P080-08

P080-09

P080-10

P080-11

P080-12

P080-13

P080-14

子どものようす（幼児）

P081-01

P081-02

P081-03

P081-04

P081-05

P081-06

P081-07

P081-08

P081-09

P081-10

P081-11

P081-12

P081-13

P081-14

子どものようす（乳児）

P082-01

P082-02

P082-03

P082-04

P082-05

P082-06

P082-07

P082-08

P082-09

P082-10

誕生日

P082-11

P082-12

P082-13

P082-14

11月
P083-01

クラスだより
P083-02

P083-03

11月
P083-04

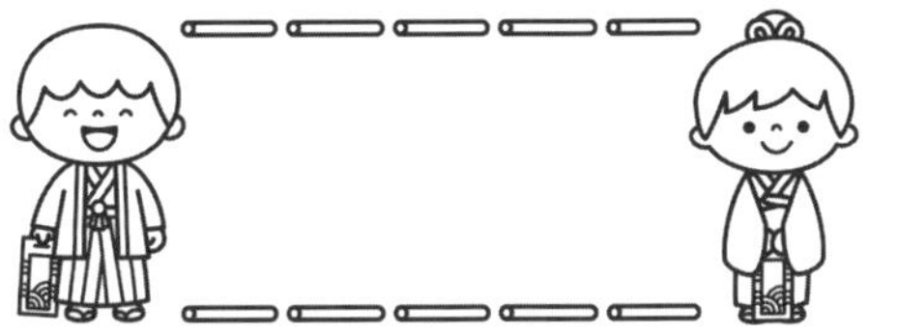
P083-05

P083-06

P083-07

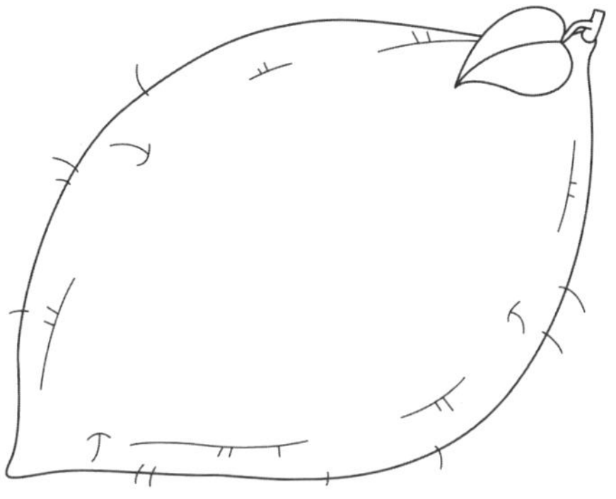
P083-08

P083-09

P083-10

P083-11

P083-12

P083-13

かぜがはやる季節です
P083-14

お知らせ
P083-15

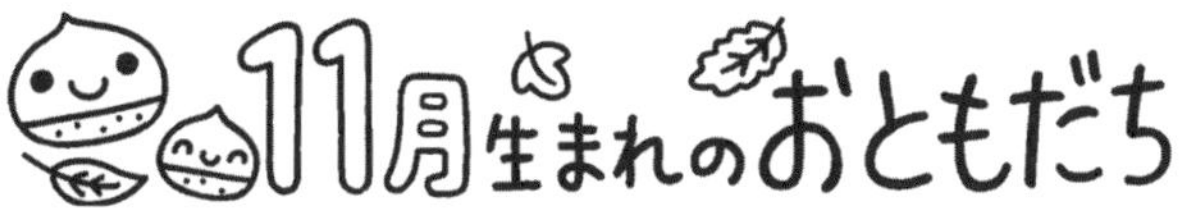
11月生まれのおともだち
P083-16

お願い
P083-17

虫の冬ごもり

11月の声を聞くと多くの昆虫は冬ごもりのしたくを始めます。ミノガの幼虫はミノムシとして木にぶら下がり、モンシロチョウの幼虫はサナギで、カマキリは卵で冬を越します。テントウムシやカタツムリは岩や葉の下に仲間とじっとしています。もし見かけたら、そっと観察してね。

P084-01

七五三のお話

15日は七五三。男の子は3歳と5歳、女の子は3歳と7歳になったら氏神様に参拝する習わしです。

古来日本では、7歳までは神の子とされ、7歳になってやっと地域社会の一員として認められたとか。3～7歳の間は“一人前”に成長するための大切な節目なのですね。

P084-02

勤労感謝の日

11月23日は新嘗祭(にいなめさい)という、その年に取れたお米などの作物を神様にお供えして生産を喜び、感謝する日でした。そこから、働くことを大切にし、感謝する気持ちを表す国民の休日に。農家の人、漁師さん、会社で働く人など、たくさんの働く人のおかげで私たちは生きていけるのです。

いろいろな職業に感謝して、過ごしたいものですね。

P084-03

あぶらのとりすぎに注意を！

脂肪のとりすぎは、高脂血症や動脈硬化につながります。もちろん肥満の原因にもなるので気をつけたいですね。大きなハンバーガー（1個）やポテトチップス（1袋）などは、脂肪が35g（サラダ油大さじ3杯分）も入っています。子どもが好きだからといって、食べさせすぎないようにしましょう。

P084-04

11月生まれおめでとう

モミジさんから
まっかなお手紙　届いたよ
おたんじょうび　おめでとうって
北風君もやってきて
寒いけど　かぜひくな…っていいました
みんなのおいわい　うれしいね

P084-05

ストップ！感染症

秋から冬にかけてはウイルス性胃腸炎やインフルエンザなどの感染症がはやります。周りへの感染を防ぐには、感染した人はマスクをし、せきをするときはテッシュで口を覆い、さらに汚れたテッシュはフタ付のゴミ箱に捨てましょう。石けんでの手洗いはもちろん忘れずに。

P084-06

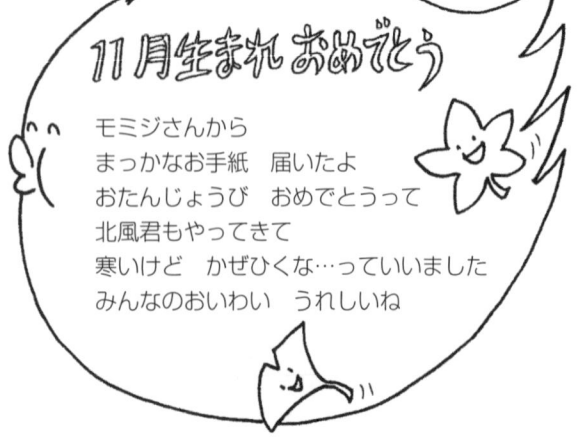

おたより文例

秋の自然

P085-01

「イチョウの葉っぱが落ちてたよ」「先生ドングリあげるよ」と、子どもたちは毎朝秋を見つけて登園してきます。落ち葉で冠を作ったり、木の実のこまで遊ぶなど、遊びの中に秋の自然を取り入れていきたいと思います。

七五三

P085-02

園では、体育館に全員が集まり、会を催します。七五三は、どんなお祝いかを、子どもたちに話して聞かせたあと、「5歳になって、お友達がたくさんできた」「かけっこもできるようになった」「おつかいができるようになった」…などなど、成長した自分の姿を子どもたちに気づかせたいと思っております。

勤労感謝の日

P085-03

勤労感謝の日にちなんで、「街めぐり」に出かけます。いちばん身近なお父さん、お母さんはもちろんのこと、世の中のいろいろな仕事に目を向け、おまわりさん、郵便屋さん、消防士さん、お店屋さんなどがどんな仕事をし、自分たちとどのようにかかわっているのかを実際に見学し、考えます。そして、働く人々への感謝の気持ちをはぐくみたいと思います。

P085-04

子どもたちに「働く人たち」の絵本を見せ、毎日みんなのために働いてくださる方々に、「ありがとう」と言う日であることを伝えたいと考えています。また、言葉だけでなく、自分たちがどんなお手伝いをしたら、もっとおうちの方に喜んでもらえるのかを話し合いたいと思っています。

作品展

P085-05

○月○日に、作品展を開催いたします。園児たちが、日ごろの保育の中で一生懸命描いたり作ったりした作品や、クラスごとにみんなで考え、力を合わせて作った共同製作品などを多数展示いたします。お子さまの成長した証（あかし）や、創作する喜びの表現をご覧いただきたいと思います。

音楽会

P085-06

音楽会では、『おもちゃのうた』を合奏します。「いちばん好きなおもちゃを思い浮かべてやってみよう」と言ったら、ロボットのようにコキンコキンと木琴をたたく子、お人形のようにうっとりしてオルガンを弾く子…。みんなの「その気」は、120％！　今はまだ音がバラバラですが、たくさんの音がひとつのメロディーを奏でる喜びを体感してもらえるよう、私たちもがんばります。

幼児

P085-07

子どもたちは最近、縄跳びに夢中です。個人差はありますが、みんな日に日に上達しています。まだうまく跳べない子も、周りの刺激を受けて縄を持ち、戸外に駆け出して行きます。ある日、じょうずな子が苦手な子に「回してぴょん」と言いながら、コツを教えている姿を見つけました。ほほ笑ましい光景に心がホッと暖かくなりました。

P085-08

「さいしょはグーッ！」「あいこでしょ！」子どもたちの間でこんな掛け声が飛び交っています。グー、チョキ、パーがじょうずにできるようになり、うれしくてしかたがないようです。○○組では毎日ジャンケン大会が開かれています。

乳児

P085-09

「もういいかーい」と言うと、「だだだぁ～」と、お返事するようになりました。「まあだだよ」と言っているつもりなのかもしれません。みんなかくれんぼうがとてもじょうずです。

P085-10

作品展の製作をしている年長児のお部屋をじーっとのぞいていた子どもたち。クラスに帰ったら、さっそくまねをして、折り紙を台紙にはり付け始めました。「まなぶ」は「まねぶ」…まねっこから始まるとは、こういうことだったんですね。

今月の目標

P085-11

○寒さに負けず、意欲的に友達と遊びをつくりだす
○みんなで力を合わせ、共同製作に取りくむ
○秋から冬への自然の変化に気づく

食育

P085-12

先月のイモ掘り遠足で掘ったサツマイモでスイートポテト団子を作りました。おイモは蒸して皮をむき、ボウルに入れて、すりこぎでつぶします。少量の砂糖に、牛乳を少しずつ加え、粘土くらいの固さにし、シナモンの粉を振りかけます。
これを、ラップの上に50gくらい載せ、ラップをてるてる坊主を作るようにキュッとねじればでき上がり。簡単でおいしいスイーツです。ご家庭でもぜひ作ってみてくださいね。

健康

P085-13

朝晩の急な冷え込みで、重ね着をしがちなこのごろですが、今着込んでしまうと、薄着の習慣がつきにくくなります。また、大人以上に動き回る子どものこと、寒い日でも、遊んだあとは汗びっしょり…ということも。汗が冷えて体調を崩すこともあるので、着ぶくれないように注意してください。

※誌面の都合上、本誌に掲載しきれなかった文例があります（CD-ROM限定文例：P152参照）。

P086-01

P086-02

P086-03

P086-04

P086-05

P086-06

P086-07

P086-08

P086-09

P086-10

P086-11

P086-12

P086-13

P086-14

大そうじ

P087-01

P087-02

P087-03

P087-04

P087-05

P087-06

P087-07

年越し

P087-08

P087-09

P087-10

P087-11

P087-12

P087-13

P087-14

季節・自然

P088-01

P088-02

P088-03

P088-04

P088-05

P088-06

P088-07

子どものようす（幼児）

P088-08

P088-09

P088-10

P088-11

P088-12

P088-13

P088-14

子どものようす（乳児）

P089-01

P089-02

P089-03

P089-04

P089-05

P089-06

P089-07

P089-08

P089-09

P089-10

P089-11

誕生日

P089-12

P089-13

P089-14

● ● ワクとケイ ● ●

12月

P090-01

クラスだより

P090-02

P090-03

12月

P090-04

P090-05

P090-06

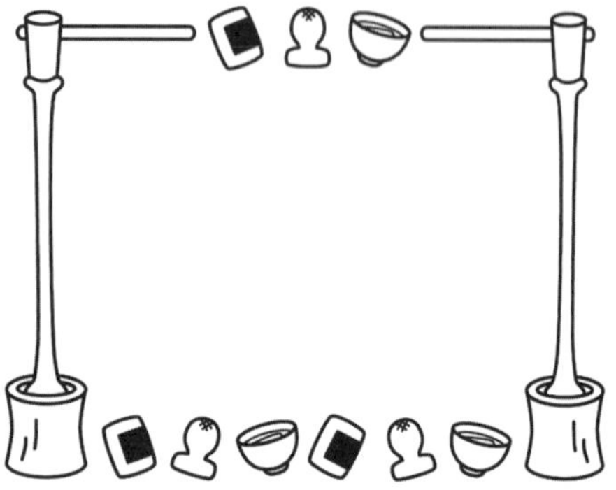

P090-07

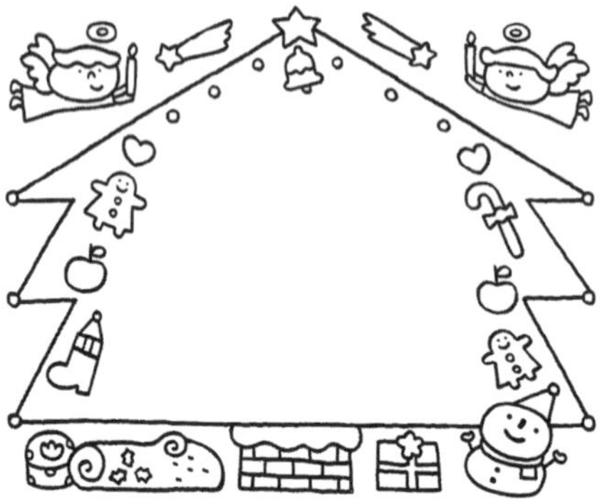

P090-08

P090-09

P090-10

P090-11

P090-12

P090-13

メリークリスマス

P090-14

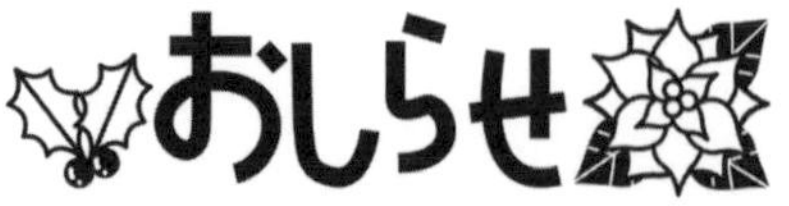
おしらせ

P090-15

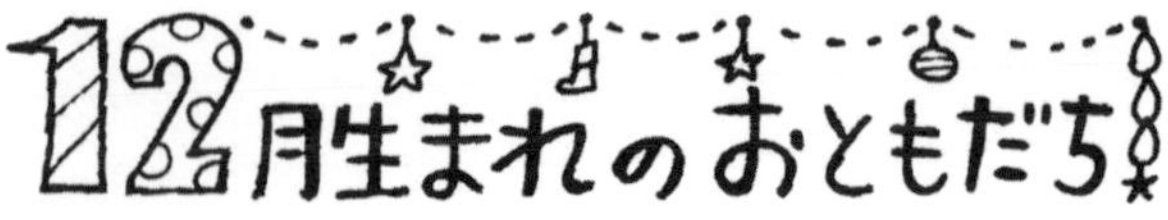
12月生まれのおともだち

P090-16

お願い

P090-17

来てくれるかなサンタさん

サンタ・クロースのモデルは、1600年ほど前の司教、セント・ニコラウス。困っている人たちにありったけの財産を分け与えたのがプレゼントの始まりだといわれています。
プレゼントをお願いするのを楽しみにするだけでなく、サンタさんに「ありがとう」と感謝する心も育てたいですね。

P091-01

年の区切りの大晦日

1年の最後の日、12月31日を「おおつごもり」「大晦日（おおみそか）」と呼びます。新年を迎える準備として、家の内外をはき清め、正月の飾りを整え、もちつき、おせち料理などを作ります。夜には年越しそばを食べ、除夜の鐘を聞きます。
過ぎていった1年を振り返り、新しい年への希望を膨らませる区切りのときです。

P091-02

みんなで大そうじ

年末年始を迎えるために、○日に園では子どもたちといっしょに大掃除を行ないます。自分たちの生活の場を、自分たちの手できれいにし、すがすがしい気持ちで新年を迎えたいと思います。お手すきの保護者の方がいらっしゃいましたら、ぜひお手伝いをお願いいたします。

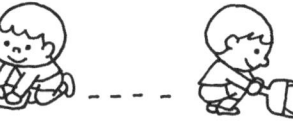

P091-03

冬至のカボチャ

二十四節気のひとつ、冬至の日は、1年でいちばん昼が短く、夜が長くなります。昔から、この日にカボチャを食べる習慣がありました。カボチャにはかぜや脳卒中の予防になる栄養素が、たっぷり詰まっているからです。また太陽の光が弱いときなので、太陽に似た姿のカボチャを尊んだからだともいわれています。

P091-04

12月生まれおめでとう

お たんじょうびが　やってきた
め でたい　めでたい　12月
で っかいケーキと　おミカンで
と もだちみんなで　パーティーだ
う れしいなったら　うれしいな

お・め・で・と・う！

P091-05

やってみようよ緑茶のうがい

冷たい空気がインフルエンザのウイルスを運んでくる季節です。予防には何といってもうがいと手洗い。
緑茶にはカテキンという殺菌作用のある物質が含まれているので、普通の水でうがいするよりも、緑茶うがいはさらに効果大！
ペットボトルに入れて、洗面台に置いておくといいですよ。

P091-06

おたより文例

発表会

P092-01

今月は２学期の締めくくりの月です。子どもたちは、みんなで学んだり、協力し合ったり、励まし合ったりすることで、心身共に大きく成長してきていることを実感しています。発表会の準備や劇の練習などを通して、子どもたちのやろうとする意欲を高めていきたいと考えています。

P092-02

12月〇日に園のホールで「発表会」を開催します。劇や歌などの活動を通してひとりひとりの成長、クラス全体の成長ぶりを見ていただきたいと考えております。子どもたちに、温かい声援をお願いします。

クリスマス

P092-03

12月〇日に、クリスマス会を開きます。今年もすてきなプレゼントをいっぱい担いで、サンタさんが来てくれます。園からはケーキのプレゼントがあります。子どもたちは、『太りすぎですよ　サンタさん』の劇を練習しています。

P092-04

今月は、待ちに待ったクリスマスです！　そこで、みんなでサンタさんの絵を描きました。太っているサンタさんから、スマートなサンタさん、笑っているサンタさん、転んでいるサンタさんまで楽しいサンタさんでいっぱいです。保育室の後ろにはってありますので、どうぞご覧ください。

お正月

P092-05

もうすぐお正月、お正月といえばカルタです。そこで今月は、全員でひとつのカルタを作ることにしました。ひとりひとりに、あいうえおの中から１文字を選んでもらい、文章と絵を書いてもらいます。まだ文章を作ることは難しいので、保育者といっしょに考えながら作り上げます。

P092-06

〇日におもちつきを行ないます。もち米を蒸すところから始め、実際に重いきねを振り上げておもちをつきます。つき上がったら丸めて、きなこやあんこでいただきます。当日のお弁当は、少し控えめの量にしてください。おみやげは、子どもたちのついたおもち。楽しみにしていてくださいね。

P092-07

12月に入り、園も年の瀬の慌ただしさが感じられます。年末やお正月は、家庭でなければできない経験がたくさんあります。大掃除やおせち作り、年越しそばや除夜の鐘、あいさつ回りや初詣、カルタにすごろく…。子どもたちにぜひ、いろいろなお手伝いをする機会を与えてみてください。
園でもぞうきんを絞ったり、給食を配ったりさまざまなことをしてもらっています。１年を終え、新年を迎えるにあたって、日本の風習を経験させて、伝えていきたいものです。

幼児

P092-08

こがらしが吹き始め、いよいよ冬の到来です。この寒さに負けないように、毎日マラソンをしています。準備体操の後は、あひる池１周。初めは息切れしていた子どもたちも、最近は、「もう１周！」と言い出す程になっています。

乳児

P092-09

冬晴れの昼間は意外にポカポカと暖かいもの。北風がひと休みしたそんな日は、日だまりを探して赤ちゃんたちも戸外遊び。毛糸の帽子の下で目をくりくり動かして、ベビーカーの上でみんな上きげん。日光浴は皮ふもじょうぶにしてくれます。

P092-10

おもちゃを出してもかたづけることがなかなかできなかったのですが、歩行がしっかりするとともに、使ったおもちゃを元の場所に戻せるようになってきました。大進歩です !!

今月の目標

P092-11

〇寒さに負けず、戸外で積極的に遊ぶ
〇力を合わせて、発表会の準備をする
〇年末年始の生活や行事に興味や関心を持つ

食育

P092-12

おもちと普通のごはんとの差は、栄養的にはほとんどありません。ただ密度が高い分、おもちのほうがカロリーが高いのです。例えばごはんはお茶わん１杯（140g ぐらい）で 200kcal ですが、おもち 140g は 300kcal を超えます。もちつき大会のおもち…食べすぎには注意しましょうね。

P092-13

冬ダイコンが旬を迎えています。ダイコンには穀類のでんぷんを消化する酵素「ジアスターゼ」がたっぷり含まれていて、胃腸の働きを整えてくれます。

健康

P092-14

冬は、ついつい部屋を暖めすぎてしまいますが、できるだけ窓を開け、こまめに換気をすることが、かぜの流行を防ぎます。寒くても、時々空気を入れ換えるようにしましょう。

P092-15

ひびやあかぎれは、寒さによる乾燥や血行不良が原因です。手を洗ったあとは、すぐにタオルでよくふき、手肌の保湿を心がけましょう。治療には、ビタミンＥの入った薬を塗りますが、幼児の場合は、ハンドマッサージをしてあげると症状が早く改善します。

※誌面の都合上、本誌に掲載しきれなかった文例があります（CD-ROM 限定文例：P152 参照）。

P093-01

P093-02

P093-03

P093-04

P093-05

P093-06

P093-07

P093-08

P093-09

P093-10

P093-11

P093-12

P093-13

P093-14

正　月

P094-01

P094-02

P094-03

P094-04

P094-05

P094-06

P094-07

P094-08

P094-09

P094-10

季節・自然

P094-11

P094-12

P094-13

P094-14

P095-01

P095-02

P095-03

P095-04

P095-05

P095-06

P095-07

子どものようす（幼児）

P095-08

P095-09

P095-10

P095-11

P095-12

P095-13

P095-14

子どものようす（乳児）

P096-01

P096-02

P096-03

P096-04

P096-05

P096-06

P096-07

誕生日

P096-08

P096-09

P096-10

P096-11

P096-12

P096-13

P096-14

1月
P097-01

クラスだより
P097-02

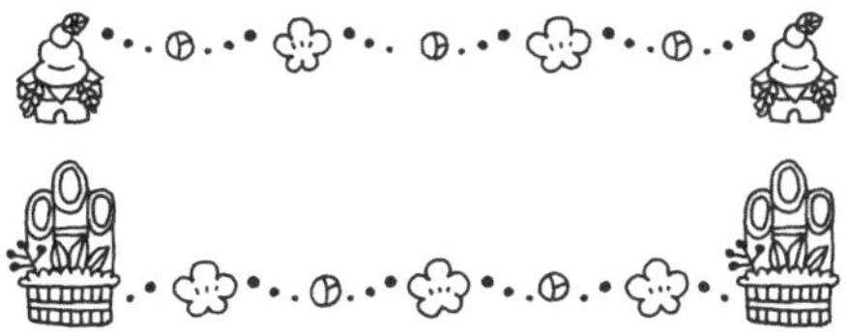
P097-03

1
月
P097-04

P097-05

P097-06

P097-07

P097-08

P097-12

P097-13

P097-09

P097-10

P097-11

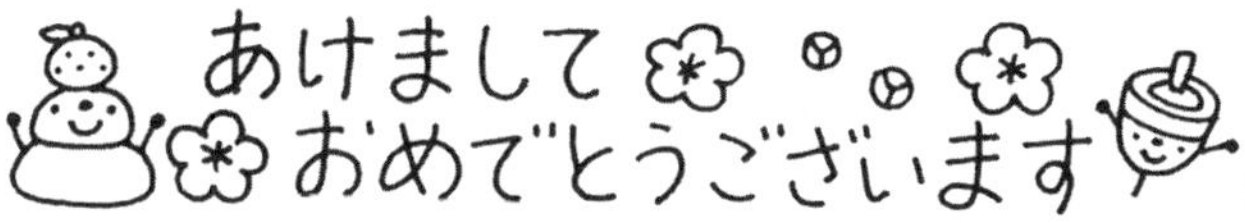
あけまして
おめでとうございます
P097-14

お正月
P097-15

1月生まれのおともだち
P097-16

お知らせ
P097-17

かがみびらき

11 日は鏡開き。
その昔は、正月 20 日に行なわれた“具足開き”という武家の儀式でした。鏡もちは刃物で切らずに手や槌で割り、切るではなく、「開く」とめでたく言います。
園ではそのおもちで、おぞうに会をめでたく“開き”たいと思います。

P098-01

門松の由来

日本のお正月は、とし神様（農業の神様）をお迎えする行事です。松と竹を組み合わせた門松は、とし神様のお宿として飾られます。門松やしめ飾りを飾っておく松の内（7日）を過ぎると、飾りはどんど焼き（左義長）などの行事で焼かれます。園の門松も、近くの神社に持って行きました。

P098-02

宝船のお宝は？

七福神が一堂に会して帆掛け船に乗ったのが「宝船」。幸せを運んでくるものとされ、その絵を正月２日の夜、枕の下に敷いて寝ると、吉夢を見られるといいます。
米俵、宝珠、砂金袋、鍵、かくれ笠、かくれ蓑（みの）、小槌の「７宝」と、貘の文字、澪標（みおつくし）、海老、若松、鯛、巻き物などが描かれているそうです。

宝

P098-03

病気を防ぐ？七草がゆ

セリ、ナズナ、ゴギョウ（ハハコグサ）、ハコベラ、ホトケノザ、スズナ（カブ）、スズシロ（ダイコン）。
お正月の七日にこの七つの草（七草）を入れたおかゆを食べると、病気をしないといわれています。これは古代の中国から伝わった風習ですが、日本では室町時代に、ほぼ現在の七種の草になりました。

P098-04

1月生まれおめでとう

雪ウサギさんに　雪だるまくん
マフラーさんに　手袋くん
あっ、お正月さんまで
１月生まれさんの お祝いに
かけつけてくれましたよ
元気で強い
１月生まれの　おともだち
おたんじょうび　おめでとう

P098-05

健康＋エコ 室温に注意

寒い寒いと、つい部屋を暖めすぎていませんか？
室温は 18 ～ 20℃、湿度は 50%～ 60%が目安です。また、できるだけこまめに窓を開け、換気を心がけたいものです。
同時に、子どもたちと「ストーブのそばでは、あばれない」などの約束をしておきましょう。

P098-06

おたより文例

新年のあいさつ

P099-01

穏やかで、落ち着いた新年の幕開けとなりました。
みなさまは、どのようなお正月をお過ごしになられたでしょうか。この1年がみなさまにとってすばらしい年であることをお祈りしています。今年もどうぞよろしくお願いいたします。

P099-02

「七福神」は福をもたらす神として、現世の利益（りやく）を期待した信仰が民間に広まったもので、現在でもお正月に七福神詣でが盛んに行なわれるなど、日本人に人気のある神様です。あらためて紹介すると、恵比寿、大黒天、毘沙門天、弁財天、寿老人、福禄寿、布袋の計７人（？）です。これを機会に覚えてみたら、福がくるかもしれませんね。

正月遊び

P099-03

ひとりひとり一生懸命に作った自慢のたこを披露する、『たこ揚げ大会』を開きます。のびのびと揚げられるよう○○公園をお借りします。北風に負けずに、空高く舞うように、どうぞ、応援にいらしてください。

P099-04

新年の最初の製作はこま作り。冬休みに手にした子は「しってる」「ひとりでまわせるよ」とやる気満々。プラスチックの丸いふたや、輪切りのニンジンにようじを差したり、紙テープを巻き付けるなど、色も形もさまざまなこまができ上がりました。いちばんよく回った人のこまには『目が回るで賞』が贈られました。

P099-05

参観を兼ねて、親子でお正月遊びをする会を計画しました。遊びを通して親子でふれあい、日本の伝承遊びを知り、経験の幅を広げる機会にしていきたいと思います。こま回し、竹馬、おはじきなどが得意なお父さん、お母さん。子どもたちにその技をぜひ見せてください！

幼児

P099-06

もらったおとし玉、何に使いましたか？　「お母さんがしまっておくって」あらら!?　「おもちゃの福袋を買いに行ったよ」何が入っていた？　「本をもらったから、お父さんに読んでもらったよ」いいおとし玉だね。みんなの心に残りますように。

P099-07

北風の中、元気な声が響きます。今、子どもたちの間で“しっぽ取り鬼”がブーム。朝から晩までハンカチのしっぽを抜き合うことに夢中です。年少さんも年長さんも混ざって遊んでいて、走るのが遅い小さな子はゆっくり追いかけたり、同じ子が続けて鬼にならないようにみんなでルールを工夫したりしているようです。異年齢児との遊びは、思いやりの心や社会性が育つよいチャンス。見守っていきたいと思います。

乳児

P099-08

赤ちゃんが最初にしゃべる言葉は「ママ」のほかに、「イヤン」が多いように思いますが、わが○○組でも「イヤ」「ヤン」が大流行！　好き嫌いがはっきり言えるようになったのは大きな成長。でも、イヤイヤ攻撃にちょっと押されぎみの毎日です。

P099-09

「みてて、ひとりでできるよ」。コートやオーバーのボタンを留めるのはなかなか難しかったのですが、最近は得意気にこう言ってくる子が増えました。何かができるようになったときの子どもの顔は、最高の笑顔になりますね。

今月の目標

P099-10

○友達とさまざまな遊びをする中で、自分なりの思いや考えを伝える
○寒さに負けず、戸外で体を動かして遊ぶ
○身の回りのことを自分でする

お願い

P099-11

２月３日の節分の日に向けて、鬼のお面を作ります。子どもたちが頭からかぶれるくらいの大きさの紙袋（まちのあるもので、ビニールコーティングしていないもの）、乳酸菌飲料などの空き容器、毛糸。以上のものがご家庭にありましたら、園までお持たせください。どんな鬼ができるのか、こうご期待！

食育

P099-12

平安時代、いろいろな「節句」に神様に供える料理を「節会（せちえ）」と呼び、これが「おせち（料理）」のルーツといわれています。「かずのこ」は子孫繁栄、「昆布巻き」はよろこぶ、「黒豆」はまめで達者…など食べ物のひとつひとつに願いや祈りが込められているんですね。

P099-13

古来の鏡は、丸い形をしていて、魂を表す神器とされていました。その鏡をかたどったのが鏡餅。お正月に鏡餅を供える習慣は室町時代からあったそうです。大小２つ重ねるのは、福徳が重なることを願うためといわれています。

健康

P099-14

「かぜ」は、子どもに限られる病気ではありません。また、早めに対応すれば短期間で治りますが、油断は大敵です。疲労や寝不足の体はウイルスのかっこうの標的になるといわれています。規則正しい生活と、うがい・手洗いを忘れずに。大人も子どもも、みんなでかぜの予防を心がけましょう。

※誌面の都合上、本誌に掲載しきれなかった文例があります（CD-ROM 限定文例：P152 参照）。

節 分

otayori ▸▸ 02gatsu ▸▸ P100

P100-01

P100-02

P100-03

P100-04

P100-05

P100-06

P100-07

P100-08

P100-09

P100-10

P100-11

バレンタインデー

P100-12

P100-13

P100-14

P100-15

P101-01

P101-02

P101-03

● ● 1日入園 ● ●

P101-04

P101-05

P101-06

P101-07

● ● 季節・自然 ● ●

P101-08

P101-09

P101-10

P101-11

P101-12

P101-13

P101-14

季節・自然

P102-01

P102-02

P102-03

子どものようす（幼児）

P102-04

P102-05

P102-06

P102-07

P102-08

P102-09

P102-10

P102-11

P102-12

P102-13

P102-14

子どものようす（乳児）

P103-01

P103-02

P103-03

P103-04

P103-05

P103-06

P103-07

P103-08

P103-09

P103-10

P103-11

誕生日

P103-12

P103-13

P103-14

● ● ワクとケイ ● ●

P104-01

P104-02

P104-03

P104-04

P104-05

P104-06

P104-07

P104-08

P104-09

P104-10

P104-11

P104-12

P104-13

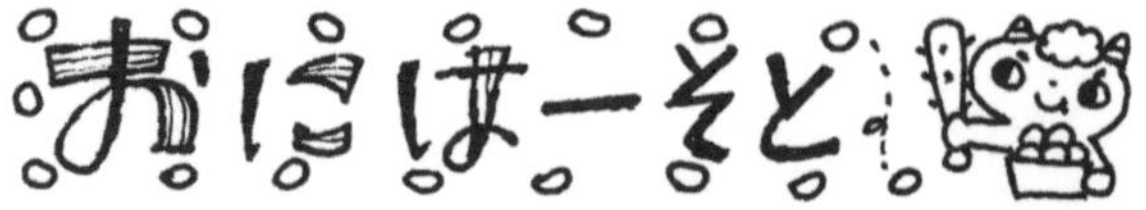

P104-14

P104-15

P104-16

P104-17

●囲みイラスト＋文例●

節分 ヒイラギとイワシ

昔は季節の変わり目には、悪いことが起きると信じられていました。立春の前の節分の日には、新しい季節が始まる前に悪いことを追い払おうと、トゲトゲのヒイラギの枝ににおいのきついイワシの頭を刺して、戸口などに飾るようになったとか。“とげやにおいが悪い鬼を追い払ってくれる”と考えられていたのですね。

P105-01

氷で遊ぼう

手をまっかにして、池の氷を運んできた子どもたち。でも、朝のごあいさつをして、歌をうたっている間に氷は半分に溶け、周りはびしょぬれに。残念そうな子どもたちに、「水を入れたバケツを、夜外に出しておいてジャンボ氷を作ろう」と言うと、みんな大喜び！
「家に帰らないで見張っていたい」という子もいました。

P105-02

春のはじまり…立春

きのうは立春。
暦のうえでは春が始まる日です。
ウメの香りもあちこちで漂い始め、スイセンのつぼみも膨らんできました。
まだ冬将軍が影を引きずっていますが、春はそこまできています。季節感がうすれていく現代、立春の喜びを子どもたちに伝えたいですね。

P105-03

大豆のチカラ

節分にまく豆は、大豆を炒ったものです。乾燥した大豆の約 30%はとても良質なたんぱく質。この割合は肉と同じくらいなので、「大豆は畑の肉」ともいわれます。そのほか、コレステロールを低下させる大豆レシチンや、ビフィズス菌を増やすオリゴ糖など…大豆は栄養バランスのとれた、健康にとてもよい食品です。

P105-04

2月生まれ おめでとう

北風のように　強くて
スイセンの花のように　優しくて
冬と春の　ふたつの命を
いっぱいにもらった
２月生まれの　おともだち
元気いっぱい　大きくなったね
おたんじょうび　おめでとう

P105-05

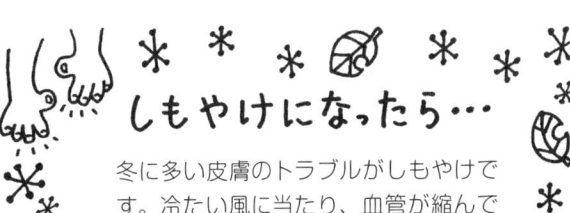

しもやけになったら…

冬に多い皮膚のトラブルがしもやけです。冷たい風に当たり、血管が縮んで血行が悪くなると、手先、足先などがかゆくなります。
５分ほどお湯で暖めてから、ゆっくりマッサージをすると、血行がよくなり、かゆみが治まります。

P105-06

おたより文例

冬の自然

P106-01

手とほおをまっかにしながら、霜柱を踏んで音を鳴らしてはキャッキャと喜び、つららを見つけては「なんでつららはできるの？」「たべれる？」と話している子どもたち。こうした現象に興味を持ってくれることを、とてもうれしく思います。

P106-02

子どもたちは、寒さに負けず、元気に戸外で走り回っています。先日の大雪では、雪だるま作りや雪合戦をしましたが、今月はそういった冬ならではの遊びを取り入れて、自然環境とふれあう機会を持ちたいと思っています。

節分

P106-03

節分に豆をまくのは、唐代の中国から伝来し、平安時代から宮中で行なわれている儀式です。投げた豆で鬼を追い払うというのは、室町時代に、明の風習が伝えられたものともいわれています。今年の節分は鬼のお面を作り、豆まきも行ないます。

P106-04

「○○園のみなさんへ…　もうじき節分の豆まき。今年は○○園へ出かけていくよ。泣き虫やいたずらっ子を見つけたら、鬼の仲間にしてしまうぞォ！」という手紙が届き、子どもたちは大騒ぎ。「本当に来るの？」と心配そうな子や、「豆をぶつけてやっつける！」という勇ましい子も…。とにかく、鬼の仲間にされないように、いい子になろうね、みんな !!

建国記念日

P106-05

２月１１日は、「建国記念の日」。1966（昭和41）年12月９日に制定された、国を愛し、国の発展を考える日です。
子どもたちには、日本の国の誕生日と話していますが、みんなが仲よく幸せな国にするには、国民の私たちひとりひとりが、どんなことができるかも考えていきたいと思います。

１日入園

P106-06

○日は、４月から入園する子どもたちを迎えて、１日入園の集いを行ないます。在園児は、歌やオペレッタを見せたり、プレゼントを渡したり、大活躍の１日となります。新入園児に楽しく過ごしてもらおうと、みんなでプランを練っています。

１日入学

P106-07

あと少しで卒園です。学校生活を楽しみにしている反面、「どんなおべんきょうするの？」など、不安もあるようです。そこで、○日に△△小学校に見学に行き、そうした不安を取り除いてもらいたいと思います。給食を食べたり小学生と遊んだりする予定があります。

幼児

P106-08

今、子どもたちの間で、郵便ごっこが盛り上がっています。子ども郵便局では、切手を買う子が列をつくり、郵便配達の子は、各保育室から園長室まで配達に大忙しです。

P106-09

暦のうえでは立春を過ぎても、まだまだ吐く息の白い朝が続きます。そんな中、このところ急に伸びてきた水栽培のヒヤシンスの芽が、春が近づいていることを感じさせてくれます。「根っこ伸びたね」「どんな花が咲くのかな」とみんな楽しみにしています。

P106-10

○日に新入園児の１日体験を行ないます。在園児はお休みになりますが、弟が入ってくる○君は自分のことのようにソワソワ。こんなときに、お兄ちゃんの自覚が育っていくのですね。

乳児

P106-11

風のない穏やかな冬の日は、外気浴にぴったりです。寒いからと部屋の中にばかりいるよりも、鮮やかなクロッカスの黄色やウメの香りを味わいながら、春を待つのも楽しいものです。子どもたちのごきげんも、ぐんとよくなること請け合いです。

今月の目標

P106-12

○身の回りの始末を自分から進んでする
○劇や歌などを通して自分なりに表現することを楽しむ
○冬ならではの自然とふれあう

食育

P106-13

２月１４日はバレンタインデー。チョコレートはカカオの種子を発酵、焙煎した「カカオマス」から作られていて、栄養価が高く、ポリフェノールのほか、テオブロミンというリラックス作用に効果のある成分も含まれています。ただし、食べすぎには、注意しましょうね。

P106-14

寒さを吹き飛ばす、あったかおやつをご紹介します。なべに、キンカンの実を入れ、ひたひたになるくらい水を入れます。さらにキンカンの重さの半分くらいの量の砂糖を入れ、あくをすくいながら20～30分煮ると、でき上がり。実と汁をお湯割りにすると飲みやすく、体の芯から温まりますよ。

健康

P106-15

ユズ風呂が温まるといわれますが、ミカンの皮にも同様の効果があります。皮を天日で干して布の袋に入れ、これを湯ぶねの中に。体が温まるだけではなく、湯冷めしにくくなります。

※誌面の都合上、本誌に掲載しきれなかった文例があります（CD-ROM限定文例：P152参照）。

ひな祭り

otayori ▸▸ 03gatsu ▸▸ P107

P107-01

P107-02

P107-03

P107-04

P107-05

P107-06

P107-07

P107-08

P107-09

P107-10

P107-11

春休み

P107-12

P107-13

P107-14

P107-15

P108-01

P108-02

P108-03

P108-04

P108-05

P108-06

P108-07

P108-08

P108-09

P108-10

P108-11

P108-12

P108-13

P108-14

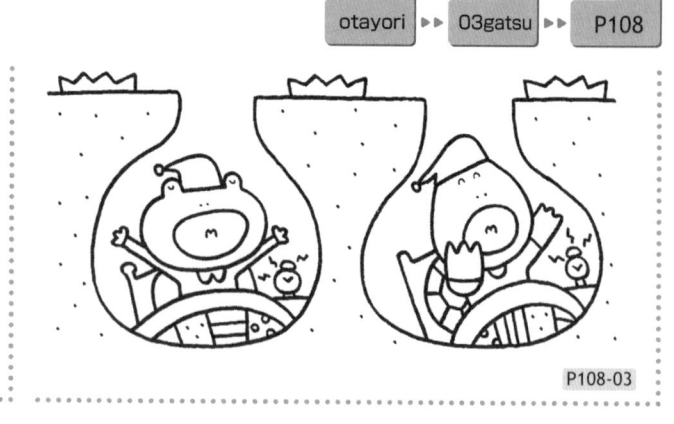

子どものようす（幼児）

P109-01

P109-02

P109-03

P109-04

P109-05

P109-06

P109-07

P109-08

P109-09

P109-10

P109-11

P109-12

P109-13

P109-14

子どものようす（乳児）

P110-01

P110-02

P110-03

P110-04

P110-05

P110-06

P110-07

P110-08

P110-09

P110-10

P110-11

誕生日

P110-12

P110-13

P110-14

3月

P111-01

クラスだより

P111-02

P111-03

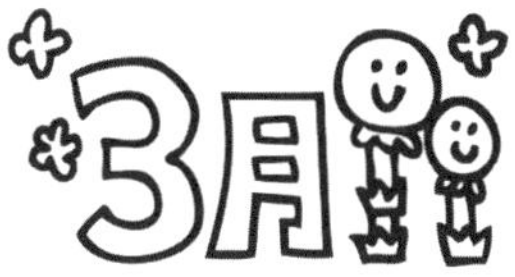
3月

P111-04

P111-05

P111-06

P111-07

P111-08

P111-09

P111-10

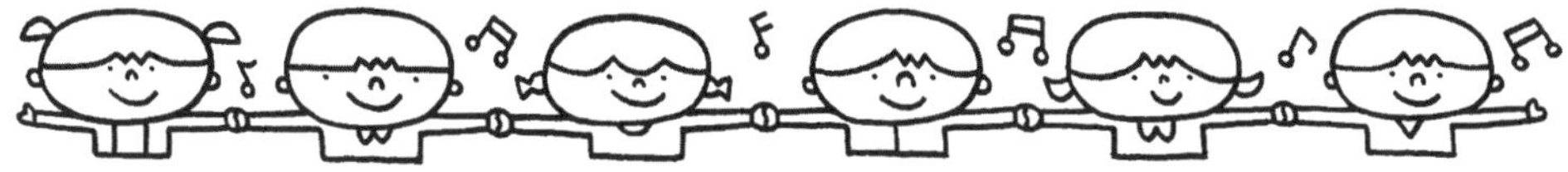

P111-11

P111-12

P111-13

進級おめでとうございます

P111-14

おわかれ会

P111-15

3月生まれのおともだち

P111-16

お願い

P111-17

ひな祭りの由来

中国では昔、稲の苗を植える３月に、人々は水辺で体を清めました。それが日本に人形を川に流す流しびなとして伝わりました。平安時代にはお姫様の間でひいな遊びが始まり、江戸時代になると流しびなとひいな遊びが結びつき、今のようなひな祭りとなったそうです。○○組にも、小さいけれど心の込もった手作りびなが並んでいます。

P112-01

みーつけた、春

「あっ、いたいたっ！」石の下にダンゴムシ。「ここにもいた！」枯れ葉の裏にテントウムシ。６日は啓蟄（けいちつ）。冬眠していた虫たちが外に出て活動を始めるころになりました。子どもたちにむりやり起こされた虫たちは、寝ぼけまなこをこすっているかも…。

P112-02

組のアルバム

○○組の１年はあと少しで終わり。
春の遠足、動物園。ガオーッとほえられ泣いたっけ。夏は水遊びでみんなビショビショ。秋はスポーツ。運動会のダンスがばっちり決まってた。冬の木枯らし、なんのその。サッカー、縄跳び、鬼ごっこ。おイモ掘りに、音楽会……。ひとつひとつに向き合いながら大きく成長してきた子どもたち。頼もしい年長さんになってくれることでしょう。

P112-03

ヘンシーン！お米

ひな祭りの節句菓子の代表といえば、ひなあられ。関東地方のひなあられは、蒸したもち米を乾燥させ、さらに炒って砂糖をかけて色をつけます。一見わかりにくいのですが、お米が変身したものなのです。中部地方や西日本では、丸い形で塩味やしょう油味のあられを供えるところもあります。

ひなあられ

P112-04

３月生まれ　おめでとう

菜の花咲いて　チョウ飛んで
やっときました　誕生日
待ちに待った　誕生会
ルンタ　ルンタ　ルンタッタ
おめでとう
３月生まれの　おともだち
春の子どもの　お祝いです

P112-05

鼻、かめるかな？

かぜの治りかけなどに出る鼻水は、ほうっておくと、鼻が詰まって口で呼吸をし、口が乾いて、せきが出やすくなります。テッシュを鼻に当て、片方の鼻の穴を押さえて、鼻から息を出すようにして、鼻をかみましょう。「フン」「フーン」、「いちにのさーん」などと声をかけ、息を出すタイミングを取ってあげるとよいでしょう。

P112-06

おたより文例

ひな祭り

P113-01

３日のひな祭りは、ひな飾りのある集会室で、みんなで歌ったり、ゲームをしたりして楽しく過ごします。そして、白、若草、桃色の三色団子をいただき、お祝いします。雪が解けて、緑の草木が顔を出し、花が咲き…。いつの間にか春はもうすぐそこですね。

P113-02

１年に一度だけ、みんなの顔を見にきてくれるお人形。それは「おひな様」です。昨日、玄関におひな様を飾りましたよ。１年ぶりのおひな様、心も体もこーんなに大きく育った○○園のお友達を見たら、きっとびっくりするでしょうね。

お別れ遠足

P113-03

園生活最後の思い出に、みんなで電車に乗って遠足に行くことにしました。最後の遠足ですので、職員全員が付き添います。かぜをひかずに、みんなで参加できるよう、健康管理に気をつけて当日を迎えましょう。

お別れ会

P113-04

年長組の卒園を前に、○○組では「お別れ会」を計画中。今まで、年長さんに助けてもらっていたのですが、今回は自分たちが中心になり、歌や劇を見せようと、張り切って準備しています。

卒園

P113-05

「手をつないでくれて、ありがとう」「大きい砂山を作ってくれてありがとう！」。年中、年少さんからの“ありがとう”の大洪水に、卒園を控えた○○組のみんなは、うれしさと照れくささではち切れそう。たっぷりもらった“自信”をしっかり身につけて、堂々と卒園していけそうです。

P113-06

小さなヒナだと思っていたのに、しっかりと羽を広げて、大空へ飛び立とうとしている子どもたち。この１年、足踏みしている私を、押した引いたりしてくれたのは子どもたちでした。それを支えてくださった保護者のみなさま、本当にありがとうございました。

進級

P113-07

花々もほころび始め、本年度最後の月となりました。お母さんから離れられない子、思いを伝えられず、すぐ手が出てしまう子、泣き声と大騒ぎでスタートした４月が懐かしく思い出されます。この１年間で、子どもたちは心身共に大きく成長し、笑い声の絶えないクラスとなりました。たくさんの経験から得た自信を、次のステップへつなげてほしいと思います。

お願い

P113-08

園に置いてある保育用品などを、少しずつ通園バッグに入れて、何回かに分けて持ち帰ります。通園バッグは、翌日必ずお持たせください。

幼児

P113-09

子どもたちは、最近、さまざまなものへの興味が広がっています。「なぜ？」「どうして？」の質問攻めに、先生も答えに詰まることもあるほどです。こうした興味や好奇心を大切に育てて、成長のためのエネルギーにしたいものです。

乳児

P113-10

「あい、あい」とコップを運んでくれる○ちゃん。小さなほうきを手に、「オウ！」と大満足の○君。みんなお手伝いが大好きです。先生たちも大助かり(?!)。成長ぶりをかみ締めています。

P113-11

冬の間、ひっそりとしていた砂場に春の日が降り注ぎ、子どもたちの歓声が戻ってきました。久し振りの砂場に、みんな、おやつも忘れるほどの熱中ぶりでした。

今月の目標

P113-12

○いろいろな活動に自信を持って取り組む
○園生活を楽しみ、進学（進級）への期待を持つ
○自然の変化に気づき、春の訪れを感じる

食育

P113-13

「菜の花」とは、アブラナ科の花をさす総称です。食用に売られているのは主にアブラナ、セイヨウアブラナなどで、ビタミン、ミネラルがいっぱい!!　しかもホウレンソウに比べ、アク（シュウ酸）は 20 分の１以下と、食べやすい食材です。

健康

P113-14

「賢者のスポーツ」をご存じですか。それは歩くこと。理想は１日１万歩（早足で、大人なら１時間半くらい）ですが、急に無理をしても長続きしません。ゆっくりでもよいので、お子さんといっしょになるべくたくさん歩いてみてくださいね。

P113-15

人の動作はすべて脳からの命令を受けて動きますが、このとき脳は、緊張しています。ところが笑っているときは、脳が一時的に命令することを忘れ…手足もリラックスした状態に。笑いは脳の緊張緩和剤ともいえますね。さあ、新しい学年もいっぱい笑って楽しい１年にしましょう！

※誌面の都合上、本誌に掲載しきれなかった文例があります（CD-ROM 限定文例：P152 参照）。

シンプルケイ線コレクション

P114-01

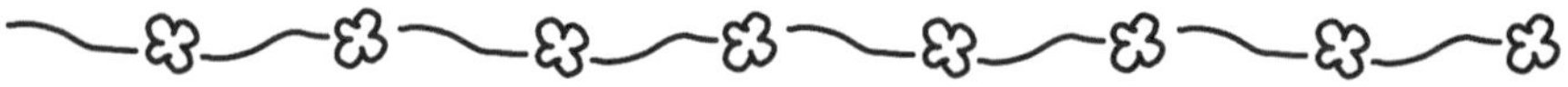
P114-02

P114-03

P114-04

P114-05

P114-06

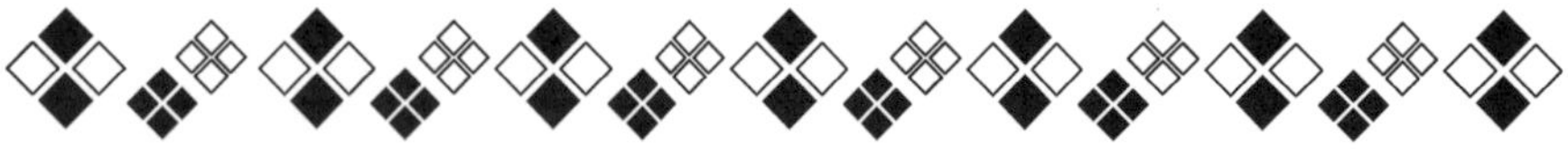
P114-07

P114-08

P114-09

P114-10

P114-11

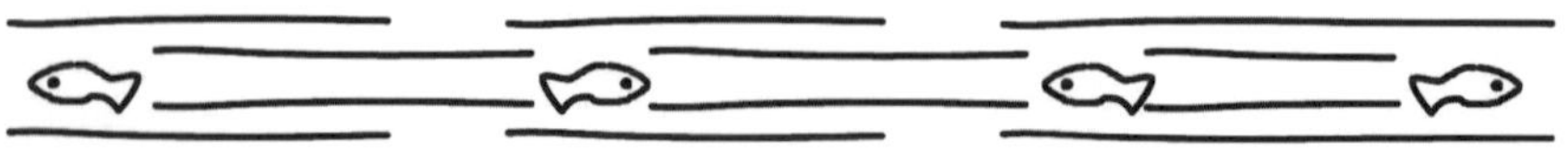
P114-12

P114-13

P114-14

P114-15

P114-16

園行事・生活習慣など

おたよりに欠かせない
園行事や生活習慣などに関する
カットと文例をテーマごとに
まとめました

園行事……116

入園・遠足・参観・お泊まり保育・運動会・作品展・
発表会・卒園

生活習慣……132

排せつ・着脱・睡眠・食事・清潔

その他……142

カットいろいろ／描き文字フォント
各種フォーマット

園行事 入園

P116-01

P116-02

P116-03

P116-04

P116-05

P116-06

P116-07

P116-08

P116-09

P116-10

P116-11

P116-12

P116-13

P116-14

P116-15

P116-16

P117-01

P117-02

入園おめでとう

P117-03

P117-04

入園おめでとう

P117-05

P117-06

P117-07

P117-08

●● 囲みイラスト＋文例 ●●

ご入園おめでとうございます
サクラの花が咲き乱れる中、○○園では○人の新しいお友達を迎えました。初めての集団生活にどの子もドキドキ、ワクワクと夢を膨らませていることでしょう。
先生や年長組さんだけでなく、ウサギのピョンタやアヒルのガーコもみんなのことを待っていましたよ！
子どもたちが楽しい園生活を送ることができるように、職員一同努めてまいりたいと思っています。
どうぞよろしくお願いいたします。

P117-09

●● 文 例 ●●

P117-10

ご入園、ご進級、おめでとうございます。サクラの花も、この日を待ちに待っていたかのように咲き、子どもたちの姿をうれしそうに迎えています。おうちの方々に愛され、見守られ、育ってきたお子様たちを、職員一同、大切に、しっかりと、お預かりしたいと強く思っております。わからないことがありましたら、いつでも気軽に職員に声をかけてくださいね。

P117-11

雨で迎えた入園式でしたが、途中からは快晴。サクラ吹雪の下で、子どもたちの笑顔も満開でした。

P117-12

卒園生が植えていった園庭の花々が、入園式を祝うかのようにいっせいに花開いて、風に揺れています。「おめでとう、○組さん」「いっぱいあそぼうね」と、ささやきが聞こえます。

P117-13

新しい園服。その胸に光る、サクラ型の、名札（バッジ）。今日からみんな○○園のお友達ですよ！

P117-14

入園当初、子どもたちは新しい生活に期待と不安を持っています。ここしばらくの間は泣いたり、登園をいやがったりする子もいますが、保護者のみなさまも、どうぞ心配をなさらずリラックスした気持ちでこの時期を見守ってください。

※誌面の都合上、本誌に掲載しきれなかった文例があります（CD-ROM 限定文例：P152 参照）。

園行事 遠足

engyouji ▸▸ ensoku ▸▸ P118

P118-01

P118-02

P118-03

P118-04

P118-05

P118-06

P118-07

P118-08

P118-09

P118-10

P118-11

P118-12

P118-13

P118-14

P118-15

P118-16

P119-01

P119-02

P119-03

P119-04

P119-05

P119-06

P119-07

P119-08

囲みイラスト＋文例

若葉の緑が目にしみる季節となりました。〇〇園の子どもたちも元気に遊び、あちらこちらに笑い声があふれています。
〇月△日（　）に、この豊かな春の自然に触れながら、親子で楽しいひとときを過ごしていただけるよう、また、保護者のみなさま方の親睦がより深まりますように、親子遠足を計画しました。
お忙しいこととは存じますが、万障お繰り合わせのうえ、ご参加くださいますようお願いいたします。

P119-09

文例

P119-10

遠足のお知らせ
・日程　〇〇月〇〇日（〇）　・行き先　〇〇〇
・午前８：50　〇〇に集合　午後２：10　〇〇にて解散
・服装　園服（長そで。中に半そで運動服着用）、長ズボン、カラー帽子、履き慣れた運動靴
・持ち物　弁当、おしぼり、ハンカチ、ティッシュペーパー、水筒（肩から掛けられるもの）、ビニールの敷物
＊持ち物すべてに名前を記入、通園カバンに入れてください。

P119-11

遠足の注意
・当日、雨天の場合は平常どおりの保育を行ないます。
・欠席の場合は、午前８時30分までに園にご連絡ください。
・天候がはっきりしない場合の連絡は、午前７時30分現在の状況で決定し、連絡網でお伝えします。
・前日は早めに寝て、朝は必ず用便を済ませてきてください。体調の悪いお子さんは、無理をさせないでください。

P119-12

ドングリや落ち葉でままごとをしたり、人形や動物を作ったりと、自然物を使って秋を感じています。「もっといっぱいドングリがあったらいいのにね」と言う子どもたちの声から、秋の、ドングリ拾い遠足が実現しました。

※誌面の都合上、本誌に掲載しきれなかった文例があります（CD-ROM限定文例：P152参照）。

園行事 参観

P120-01

P120-02

P120-03

P120-04

P120-05

P120-06

P120-07

P120-08

P120-09

P120-10

P120-11

P120-12

P120-13

P120-14

P120-15

P120-16

P121-01

P121-02

P121-03

P121-04

P121-05

P121-06

P121-07

P121-08

●● 囲みイラスト＋文例 ●●

保育参観のお知らせ

「園では何をして遊んでいるのかな？」「友達はできたかな？」…など、園での子どもたちのようすを知っていただくきっかけになればと考えて、○月×日○時より保育参観を行ないます。
元気でおちゃめな○○組の子どもたちの姿をぜひ見にいらしてください。
当日は育児相談会も行ないますので、どうぞお気軽にご参加ください。

P121-09

●● 文　例 ●●

P121-10

いつも子どもが「ダーイスキ」と言っている、ウサギのミミちゃんって、あんなに大きかったのね…など、思いがけないサプライズが待っている！　それが保育参観です。

P121-11

入園当初よりも「こんなことも」「あんなことも」できるようになりました。外見だけでなく心の成長がわかるのも、保育参観の楽しみです。

P121-12

午前中は砂場を中心とした、戸外遊びのようすを見学していただき、午後からは親子で「折り紙遊び」をします。子どもたちといっしょに童心に返って紙工作にチャレンジしてください。

P121-13

先日の参観日には、たくさんの保護者の方々にご参加いただきありがとうございました。子どもたちも大喜び。「お母さんも○○園に入りたいんだね、きっと…」などと話しておりました。

※誌面の都合上、本誌に掲載しきれなかった文例があります（CD-ROM 限定文例：P152 参照）。

お泊まり保育

P122-01

P122-02

P122-03

P122-04

P122-05

P122-06

P122-07

P122-08

P122-09

P122-10

P122-11

P122-12

P122-13

P122-14

P122-15

P122-16

P123-01

P123-02

P123-03

P123-04

P123-05

P123-06

P123-07

P123-08

囲みイラスト＋文例

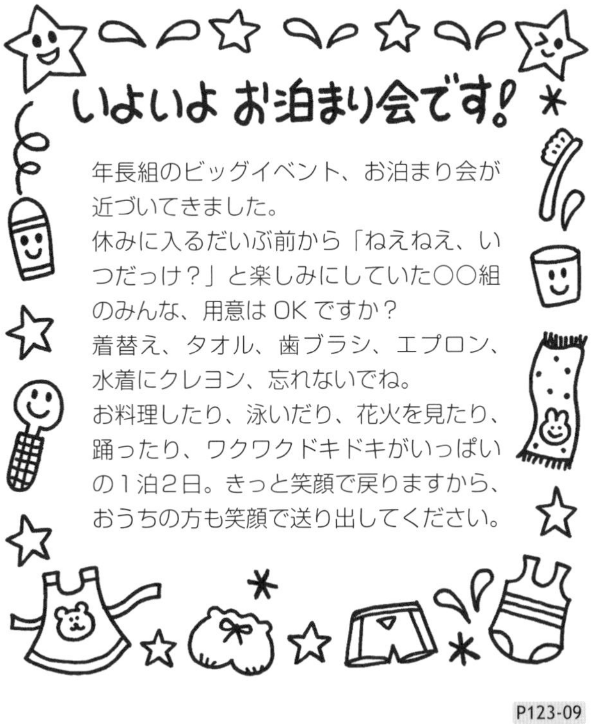

いよいよ お泊まり会です!

年長組のビッグイベント、お泊まり会が近づいてきました。
休みに入るだいぶ前から「ねえねえ、いつだっけ？」と楽しみにしていた○○組のみんな、用意はOKですか？
着替え、タオル、歯ブラシ、エプロン、水着にクレヨン、忘れないでね。
お料理したり、泳いだり、花火を見たり、踊ったり、ワクワクドキドキがいっぱいの1泊2日。きっと笑顔で戻りますから、おうちの方も笑顔で送り出してください。

P123-09

文例

P123-10

「お泊まり保育って、園に泊まるんだって。お母さんいなくてもへいきだよ」と、ちょっぴり強がりを言っている子もいますが…さて、どうなるでしょう。

P123-11

夏は子どもたちにとっては楽しい行事が続きます。その一環として、お泊まり保育を、○月○日に行ないます。泊まる場所は園のホールです。子どもたちの楽しい夏の思い出のひとつとなるように、どうぞご協力のほど、よろしくお願い申し上げます。

P123-12

ちょっとドキドキ…でも楽しい「お泊まり保育」を行ないます。家庭での生活を離れて、集団で生活をする体験は、子どもたちをひと回り大きく成長させてくれることでしょう。また、いろいろな新しい経験や活動を通して、自信がつき、協力や思いやりの心もグンと育つと思います。

P123-13

注意事項
・当日は、忘れずに問診票を持ってきてください。
・朝、熱のあるときは参加を控えてください。
・健康保険証のコピーを○○日までに持参してください。
・園で集合・解散をします。
＊電話でのお問い合わせはご遠慮ください。

※誌面の都合上、本誌に掲載しきれなかった文例があります（CD-ROM限定文例：P152参照）。

園行事 運動会

P124-01

P124-02

P124-03

P124-04

P124-05

P124-06

P124-07

P124-08

P124-09

P124-10

P124-11

P124-12

P124-13

P124-14

P124-15

P124-16

男子トイレ

P125-01

女子トイレ

P125-02

保護者席

P125-03

敬老席

P125-04

救護席

P125-05

本部

P125-06

禁煙です

P125-07

駐車禁止です

P125-08

囲みイラスト＋文例

運動会にご参加ください♪

空の青さや庭を渡る風に秋を感じ、戸外で過ごすことが気持ちの良い季節となりました。さわやかな秋風の中、○○年度の運動会を開催いたします。

運動会に向けて、子どもたちは毎日ポンポンを持ってダンスをしたり、リレーの練習をしたりするなど張り切っています。そうした子どもたちの姿を、運動会を通して見ていただきたいと思います。

お忙しいとは存じますが、ご家族お誘い合わせのうえぜひご参加ください。

がんばってー!

P125-09

文例

P125-10

年中・年少組の子どもたちは、かけっこ、ジャンプなど、全身を動かして遊ぶことを楽しんでいます。また、年長組の子どもたちは、ダイナミックに体を動かして競い合ったり、挑戦したりする姿が増えてきています。そのような、子どもたちの活発な運動に対する欲求や関心を運動会に向けてさらに高めていきたいと思います。当日は競技の勝ち負けだけでなく、がんばっている子どもたちに、ぜひエールを送ってあげてください。

P125-11

今年の運動会のテーマは、「みんなで運動イチ、ニ、サン」です。おうちの方にも参加していただき、運動遊びを楽しむ会にしたいと思います。ぜひ、ご家族おそろいのうえお出かけくださいますよう、ご案内申し上げます。また、未就園児の競技も用意しておりますので、ご近所のお子様方もお誘い合わせのうえ、お出かけください。

P125-12

注意事項

・親子体操で、地面に座ったり開脚したりすることもありますので、汚れてもよい、動きやすい服装・靴でお願いします。
・園庭保護のため、見学の方もハイヒールや、底の固い革靴はご遠慮ください。

※誌面の都合上、本誌に掲載しきれなかった文例があります（CD-ROM限定文例：P152参照）。

作品展

P126-01

P126-02

P126-03

P126-04

P126-05

P126-06

P126-07

P126-08

P126-09

P126-10

P126-11

P126-12

P126-13

P126-14

P126-15

P126-16

P127-01

P127-02

P127-03

P127-04

P127-05

P127-06

P127-07

P127-08

囲みイラスト+文例

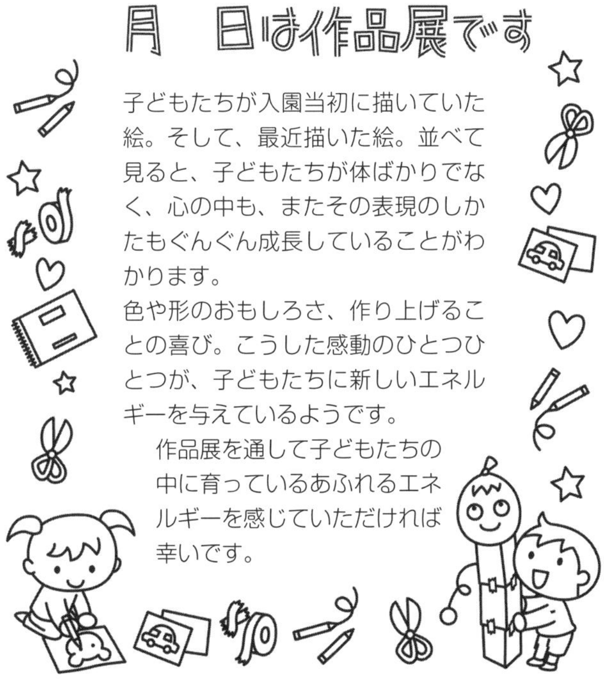

月　日は作品展です

子どもたちが入園当初に描いていた絵。そして、最近描いた絵。並べて見ると、子どもたちが体ばかりでなく、心の中も、またその表現のしかたもぐんぐん成長していることがわかります。
色や形のおもしろさ、作り上げることの喜び。こうした感動のひとつひとつが、子どもたちに新しいエネルギーを与えているようです。
　作品展を通して子どもたちの中に育っているあふれるエネルギーを感じていただければ幸いです。

P127-09

文例

P127-10

作品展が近づきました。今までに描いたり作ったりした作品を飾り、おうちの方に見てもらうのを、みんな楽しみにしています。年少組は親子でいっしょに製作したり、自由な遊びの中で絵画製作をしているようすを見ていただく時間を設けました。みなさまお誘い合わせてお出かけください。

P127-11

子どもは、自分の思ったことや感じたことをすなおに絵に描いたり、物を作ったりして表現しています。作品展では、ほかの子と比べるのでなく、その子なりにがんばったところ、工夫したところを見つけ出してあげてください。

P127-12

２学期に入ると、友達とのかかわりも深まってきて、友達といっしょに考えを出し合ったり工夫したりして作るなどの機会が増えてきました。この力を作品展の共同製作に生かしたいと思って、巨大ロボットをクラス全員で力を合わせて作っています。

P127-13

子どもたちはいろいろな製作の経験を重ね、ハサミ、セロハンテープ、カッターナイフ、ホッチキス、のこぎり、かなづちなどの道具の安全な使い方がわかるようになりました。そうした、「技」と「知恵」と「発想」の集大成が今回の作品展です。

※誌面の都合上、本誌に掲載しきれなかった文例があります（CD-ROM 限定文例：P152 参照）。

園行事 発表会

P128-01

P128-02

P128-03

P128-04

P128-05

P128-06

P128-07

P128-08

P128-09

P128-10

P128-11

P128-12

P128-13

P128-14

P128-15

P128-16

P129-01

P129-02

P129-03

P129-04

P129-05

P129-06

P129-07

P129-08

●● 囲みイラスト＋文例 ●●

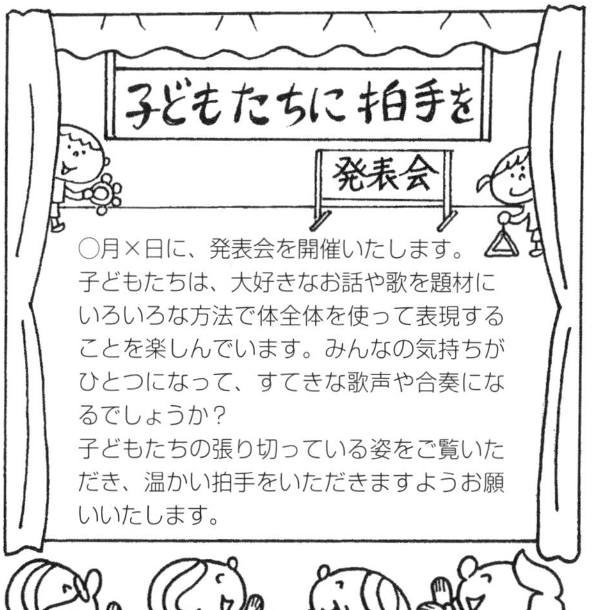

○月×日に、発表会を開催いたします。子どもたちは、大好きなお話や歌を題材にいろいろな方法で体全体を使って表現することを楽しんでいます。みんなの気持ちがひとつになって、すてきな歌声や合奏になるでしょうか？
子どもたちの張り切っている姿をご覧いただき、温かい拍手をいただきますようお願いいたします。

P129-09

●● 文　例 ●●

P129-10

クラス全員で考えた「○組の大ぼうけん」は、みんなが主役の劇です。おうちの方々の前で、どんな演技を見せてくれるか楽しみです。
おじいちゃん、おばあちゃん、ご近所の方もお誘い合わせのうえお越しください。大きな拍手と温かいご声援が、子どもたちには何よりの励みとなり、きっといい顔で熱演してくれることでしょう。

P129-11

待ちに待った「○○○○音楽会」を開催いたします。体全体で音楽を表現する子どもたち。観客のみなさまもリズムに乗っていただき、みんなで楽しいひとときを過ごしたく、ご案内申し上げます。

P129-12

緊張して、いつものようなのびのびとした表現ができないこともあるかもしれません。楽しい曲がたくさん流れてきますので、観客のみなさまもニコニコ笑顔で子どもたちといっしょに手拍子をしたり、歌を口ずさんだりしてご覧ください。

P129-13

○○組のみんなでお話を作り、言葉や動きを考え、必要な大道具や小道具も作りました。ひとりひとりが自分の言葉で話しをしている姿を、耳を澄ませてご覧ください。

※誌面の都合上、本誌に掲載しきれなかった文例があります（CD-ROM 限定文例：P152 参照）。

園行事 卒園

P130-01

P130-02

P130-03

P130-04

P130-05

P130-06

P130-07

P130-08

P130-09

P130-10

P130-11

P130-12

P130-13

P130-14

P130-15

P130-16

P131-01

卒園式

P131-02

P131-03

P131-04

P131-05

P131-06

P131-07

修了証書

P131-08

囲みイラスト＋文例

ご卒園
おめでとうございます

○○組○名は、△△園を卒園します。
園生活を通して、ひとりひとりが心も体も強くたくましく育ちました。このみごとな成長も、各ご家庭のご理解とご協力のおかげと感謝しております。
子どもたちの育ちゆく力が、小学校に入ってますます伸びていくことを願い、これからどんな花を開花させるのかを楽しみに、見守っていきたいと思います。

P131-09

文例

P131-10

日ごとに寒さも和らぎ、生き物や草花の新しい命を感じさせられるこのごろです。年長組である○○組の子どもたちが、園で過ごす日々もいよいよ最後となりました。

P131-11

年長組になったばかりの4月のころに比べると、子どもたちは、体だけでなく、心も数倍成長しました。それでも、学校という新しい世界に、不安を持っている子どももいるかもしれません。あとわずかな時間ですが、私たちが、みんな、ランドセルが似合うりっぱな1年生になれると信じていることを、ひとりひとりの成長を振り返りながら、伝えていきたいと思っています。

P131-12

暖かい春の日ざしを浴びて、草木がいっせいに芽を出すように、子どもたちも小学校に向かって、新しいステップを踏み出します。園生活の中で育まれた力が大きく根を張って、りっぱな若木に成長していくことを願っています。

P131-13

担任として、いたらぬことも多々ありましたが、保護者のみなさまのご協力のおかげで、この日を迎えられました。○年間、支えていただき厚くお礼申し上げるとともに、お子さんたちがよりいっそう元気に成長されるよう、お祈りしております。

※誌面の都合上、本誌に掲載しきれなかった文例があります（CD-ROM 限定文例：P152 参照）。

生活習慣 排せつ

P132-01

P132-02

P132-03

P132-04

P132-05

P132-06

P132-07

P132-08

P132-09

P132-10

P132-11

P132-12

P132-13

P132-14

P132-15

P132-16

P133-01

P133-02

P133-03

P133-04

P133-05

P133-06

P133-07

P133-08

囲みイラスト＋文例

園のトイレも使ってね

慣れた家庭のトイレと違うので、園のトイレは使わないという子どもがいます。特に大便をがまんして、おなかが痛くなったり、便秘になったりすることがあります。私たちもできるだけ気をつけて、子どもたちに声をかけ、トイレに誘うようにしていますが、もし「園のトイレが嫌い」というお子さんがおられましたら、教えてくださいね。

P133-09

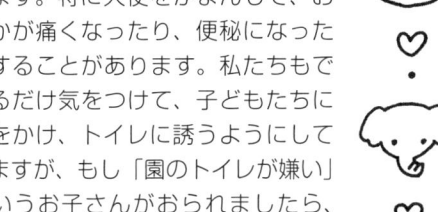

文例

P133-10

オムツが外れたと安心しても、遊びに夢中になって、時々おもらしをしてしまうこともあります。あと戻りをしているわけではありません。一度に完璧にはできないだけです。焦らずに、ゆっくりと身につけていきましょうね。

P133-11

入園当初はトイレの後に、水を流すのを忘れる子がたくさんいましたが、今ではほとんどいなくなりました。

P133-12

トイレットペーパーを、どのくらいの長さに切ったらよいかわからない子や、長く伸ばして、おもちゃ(?!)にしてしまう子もいます。

園では、トイレットペーパーの目安の長さに切ったボードを置き、感覚を覚えていけるようにしています。

P133-13

排せつの後の手洗い、きちんとできていますか？

最近、手を洗ったあとズボンで手をふいてしまう子なども目だちます。おうちでもきちんと手洗いできているか、一度確認してみてくださいね。

P133-14

ほとんどの子が全部ズボンを脱がなくても、じょうずに排せつができるようになりました。大進歩です。

※誌面の都合上、本誌に掲載しきれなかった文例があります（CD-ROM限定文例：P152参照）。

生活習慣 着脱

P134-01

P134-02

P134-03

P134-04

P134-05

P134-06

P134-07

P134-08

P134-09

P134-10

P134-11

P134-12

P134-13

P134-14

P134-15

P134-16

P135-01

P135-02

P135-03

P135-04

P135-05

P135-06

P135-07

P135-08

囲みイラスト＋文例

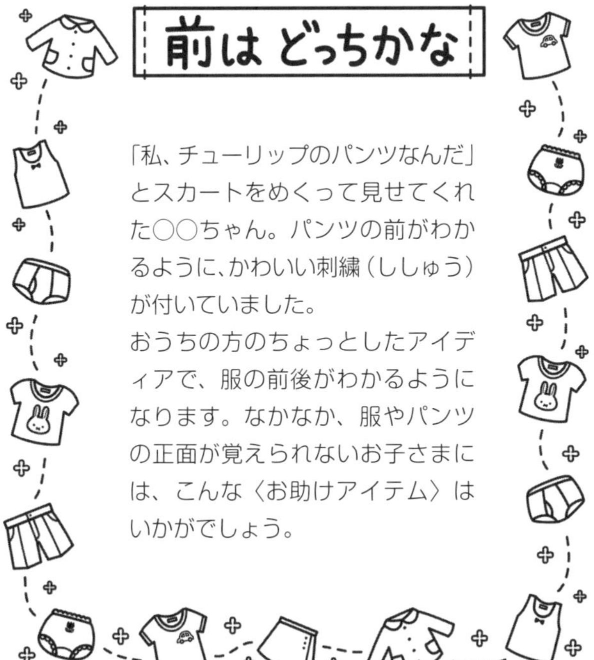
前は どっちかな
「私、チューリップのパンツなんだ」とスカートをめくって見せてくれた○○ちゃん。パンツの前がわかるように、かわいい刺繍（ししゅう）が付いていました。
おうちの方のちょっとしたアイディアで、服の前後がわかるようになります。なかなか、服やパンツの正面が覚えられないお子さまには、こんな〈お助けアイテム〉はいかがでしょう。

P135-09

文例

P135-10

裏返った靴下を、じょうずに表に返して、ひとりで履けるようになりました。大人には簡単に思えるかもしれませんが、表と裏がわかるようになり、しかも裏返す手先の技術も身についたんです。すばらしい成長ですね。

P135-11

初めは、ボタンやファスナーがないＴシャツタイプの上着を着ることから練習してみましょう。ボタンやファスナーは、服の前後がわかるようになってからトライするとよいでしょう。

P135-12

ズボンをはくときは、最初は床に座って、次にイスに座って、最後は立ったままはけるように、と段階を追ってはき方をマスターしていきましょう。

P135-13

自分で着ようとしても、ボタンの掛け方がまだちぐはぐになっていることなどもありますが、できたことは褒めてあげてから、「順番がちょっと違っちゃったね」などと言って直してあげましょう。

P135-14

どうしてもサッカー選手になりたい○○君。ついにひとりで靴ひもが結べるようになりました。きっとすごいシュートが打てるようになるね！

※誌面の都合上、本誌に掲載しきれなかった文例があります（CD-ROM 限定文例：P152 参照）。

seikatsu ▸▸ suimin ▸▸ P136

P136-01

P136-02

P136-03

P136-04

P136-05

P136-06

P136-07

P136-08

P136-09

P136-10

P136-11

P136-12

P136-13

P136-14

P136-15

P136-16

P137-01

P137-02

P137-03

P137-04

P137-05

P137-06

P137-07

P137-08

囲みイラスト＋文例

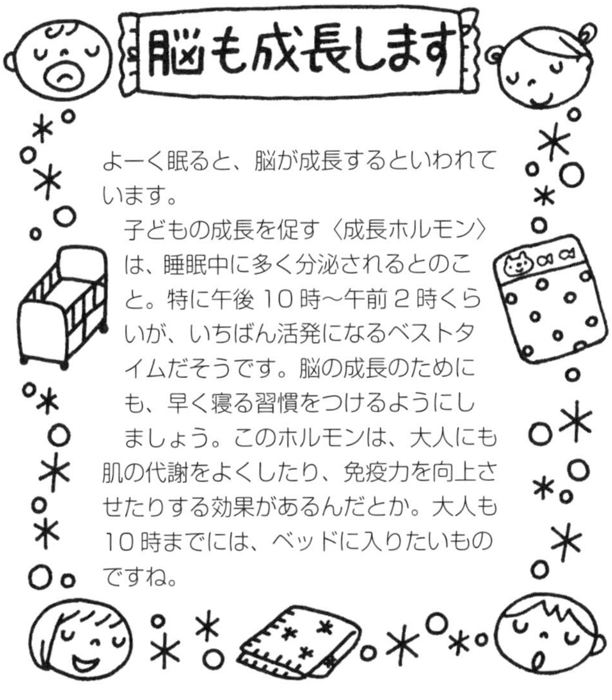
脳も成長します
よーく眠ると、脳が成長するといわれています。
子どもの成長を促す〈成長ホルモン〉は、睡眠中に多く分泌されるとのこと。特に午後10時～午前2時くらいが、いちばん活発になるベストタイムだそうです。脳の成長のためにも、早く寝る習慣をつけるようにしましょう。このホルモンは、大人にも肌の代謝をよくしたり、免疫力を向上させたりする効果があるんだとか。大人も10時までには、ベッドに入りたいものですね。

P137-09

文例

P137-10

ぬいぐるみがないと眠れないと言っていた○○ちゃん。眠りに入るために、ぬいぐるみやお気に入りの毛布、タオルなど、心を落ち着かせるものが必要なことがありますが、無理に取り上げる必要はありません。時期がくれば、しぜんにひとりで眠れるようになります。

P137-11

お昼寝が苦手だった□□ちゃん。最近は、とても元気に園庭を走り回り、お昼寝タイムはまっ先に夢の中に入っています。

P137-12

夜更かしをする子が増えています。夜更かしをすると、朝もボーッとして活動にも積極的に参加できなくなってしまいます。夜はテレビを早めに消して、早寝早起きを心がけるようにしてください。

P137-13

眠りを促す「メラトニン」という脳内物質は、目（網膜）が暗闇を感じると出てきます。なかなか寝つけない子の部屋は、できるだけ暗くしてあげましょう。

P137-14

じゅうぶんお昼寝をした子どもたちは、「オ・ハ・ヨー」と元気に起きてきます。元気パワーが再充電されて、午後からもはつらつと遊んでいます。

※誌面の都合上、本誌に掲載しきれなかった文例があります（CD-ROM 限定文例：P152 参照）。

seikatsu ▸▸ syokuji ▸▸ P138

P138-01

P138-02

P138-03

P138-04

P138-05

P138-06

P138-07

P138-08

P138-09

P138-10

P138-11

P138-12

P138-13

P138-14

P138-15

P138-16

P139-01

P139-02

P139-03

P139-04

いただきます

P139-05

P139-06

P139-07

P139-08

囲みイラスト＋文例

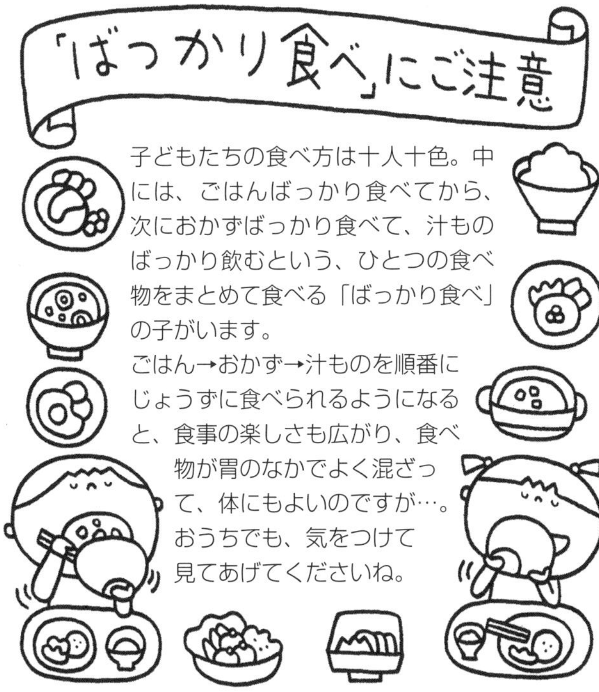
「ばっかり食べ」にご注意
子どもたちの食べ方は十人十色。中には、ごはんばっかり食べてから、次におかずばっかり食べて、汁ものばっかり飲むという、ひとつの食べ物をまとめて食べる「ばっかり食べ」の子がいます。
ごはん→おかず→汁ものを順番にじょうずに食べられるようになると、食事の楽しさも広がり、食べ物が胃のなかでよく混ざって、体にもよいのですが…。おうちでも、気をつけて見てあげてくださいね。

P139-09

文例

P139-10

スプーンやフォークの握り方がしっかりしてきて、食べ物をじょうずに口まで運べるようになりました。好きな物を、自分のタイミングで食べられるので、食事の楽しさも広がり、自分からいろいろな物に手を伸ばしています。

P139-11

まだ不安定なところはありますが、はしを使って、おイモも豆もつかめるようになりました。はしの使い方は、最初がカンジン。一度正しい持ち方、使い方を身につけてしまえば、大きくなって矯正に苦労することもありません。

P139-12

隣の席の子が牛乳をゴクゴク飲むのを見て、「飲みたくない」と言っていた○○ちゃんもつられてゴックン。みんなで食べる給食は、子どものやる気も引き出してくれます。

P139-13

「いただきます」「ごちそうさま」のあいさつも、大きな声できちんと言えるようになりました。作ってくれた人への「ありがとう」の気持ちを込めて言うことを、いつも伝えています。

P139-14

絵本『やさいのパーティー』を読み聞かせたら、「私トマト姫大好き」「ぼくニンジン大臣食べちゃう」などと、野菜嫌いの子どもたちも野菜に興味を持ってくれるようになりました。

※誌面の都合上、本誌に掲載しきれなかった文例があります（CD-ROM 限定文例：P152 参照）。

seikatsu ▸▸ seiketsu ▸▸ P140

P140-01

P140-02

P140-03

P140-04

P140-05

P140-06

P140-07

P140-08

P140-09

P140-10

P140-11

P140-12

P140-13

P140-14

P140-15

P140-16

P141-01

P141-02

P141-03

P141-04

P141-05

P141-06

P141-07

P141-08

囲みイラスト＋文例

インフルエンザに代表されるウイルスによる感染症は、体の中にウィルスを入れないことが、いちばんの予防法です。特に手は、手のひら、甲、指の間、そして手首の辺りまで、しっかり洗いましょう。石けんを泡だてて、手をよくこすったあと、流水でよく泡を流して、ウイルスを追い出します。
もちろん、うがいも忘れずに！

P141-09

文例

P141-10

ごはんを食べたら、歯みがきを忘れずに！
お口の中のムシバイキンを歯ブラシでシュッシュッと追い出しましょう。

P141-11

おふろ嫌いさんは、いませんか？　眠くなったり、テレビや遊びに熱中しているときは、入るのをいやがるので、おもちゃを用意したり、湯舟であったまる間にいっしょに歌をうたうなど、楽しめる要素をプラスするとよいですね。体を洗っていつも清潔にしておくことが、健康へとつながります。おふろで温まると血流もよくなり、夜もぐっすり眠れますよ。

P141-12

泥んこ遊びのあと、「よごれちゃったね」と、自分から手足をじょうずに洗えるようになりました。

P141-13

おひさまの下で元気に走り回る子どもたち。暑い暑いと言いながら、手で汗をぬぐっています。ポケットの中に入っているタオルハンカチを使うように、声をかけてみました。

P141-14

鼻をかむのは、案外難しいものです。テッシュペーパーで鼻を覆い、片方の小鼻を押さえて、「チーン」。できるかな？
おうちでもいっしょに練習してみてくださいね。

※誌面の都合上、本誌に掲載しきれなかった文例があります（CD-ROM 限定文例：P152 参照）。

P142-01

P142-02

P142-03

P142-04

P142-05

P142-06

P142-07

P142-08

P142-09

P142-10

P142-11

P142-12

P142-13

P142-14

P142-15

P142-16

P142-17

P142-18

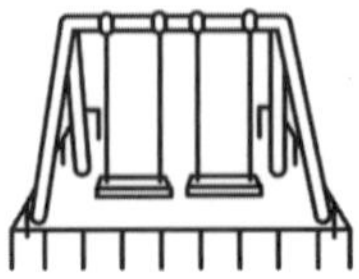

P142-19

P142-20

P142-21

P142-22

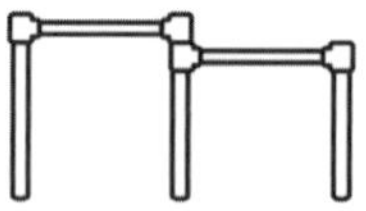

P142-23

P142-24

P142-25

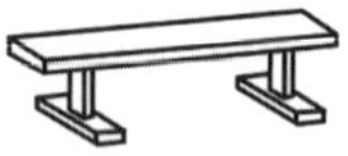

P142-26

P142-27

P142-28

P142-29

P142-30

P142-31

P142-32

P142-33

P142-34

P142-35

P142-36

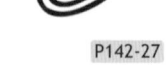

● ● 野菜・果物 ● ●

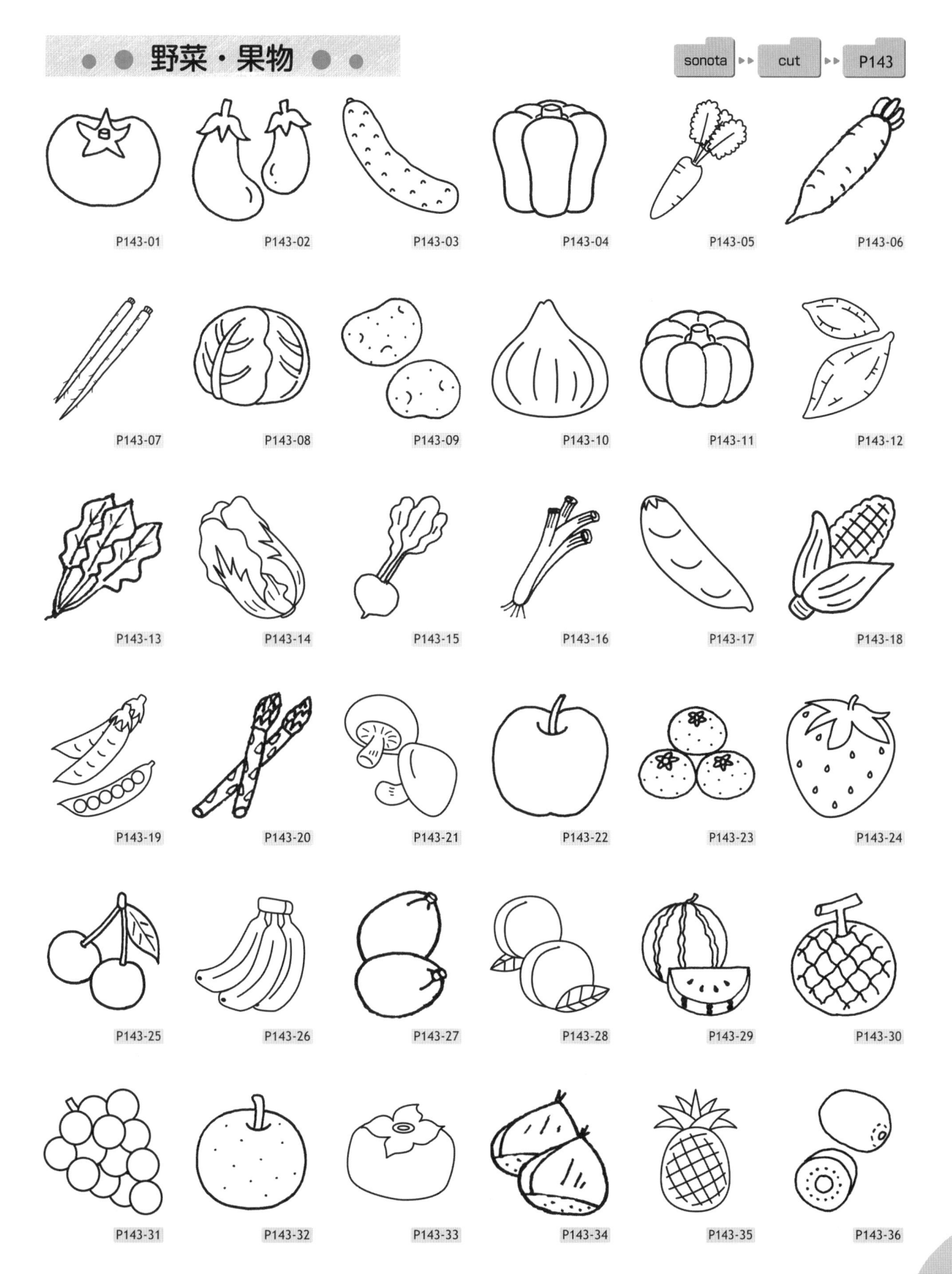

sonota ▸▸ cut ▸▸ P143

P143-01

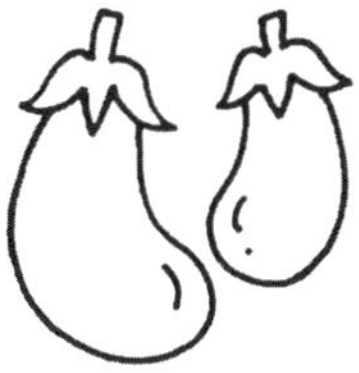
P143-02

P143-03

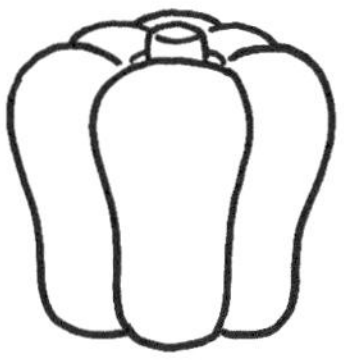
P143-04

P143-05

P143-06

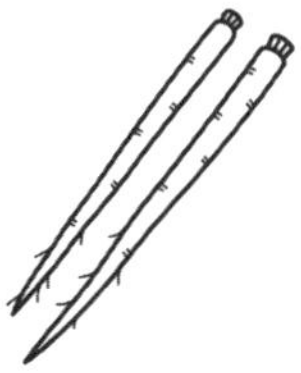
P143-07

P143-08

P143-09

P143-10

P143-11

P143-12

P143-13

P143-14

P143-15

P143-16

P143-17

P143-18

P143-19

P143-20

P143-21

P143-22

P143-23

P143-24

P143-25

P143-26

P143-27

P143-28

P143-29

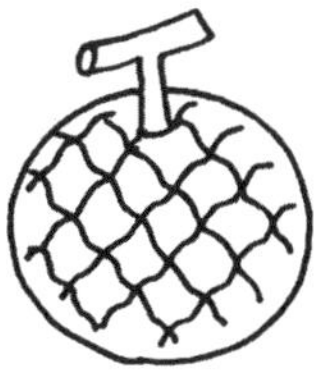
P143-30

P143-31

P143-32

P143-33

P143-34

P143-35

P143-36

動物・鳥

P144-01

P144-02

P144-03

P144-04

P144-05

P144-06

P144-07

P144-08

P144-09

P144-10

P144-11

P144-12

P144-13

P144-14

P144-15

P144-16

P144-17

P144-18

P144-19

P144-20

P144-21

P144-22

P144-23

P144-24

P144-25

P144-26

P144-27

P144-28

P144-29

P144-30

P144-31

P144-32

P144-33

P144-34

P144-35

P144-36

植物・昆虫

P145-01

P145-02

P145-03

P145-04

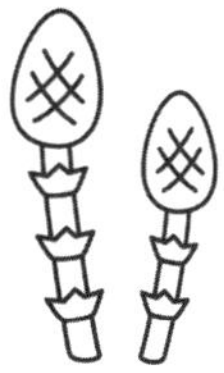
P145-05

P145-06

P145-07

P145-08

P145-09

P145-10

P145-11

P145-12

P145-13

P145-14

P145-15

P145-16

P145-17

P145-18

P145-19

P145-20

P145-21

P145-22

P145-23

P145-24

P145-25

P145-26

P145-27

P145-28

P145-29

P145-30

P145-31

P145-32

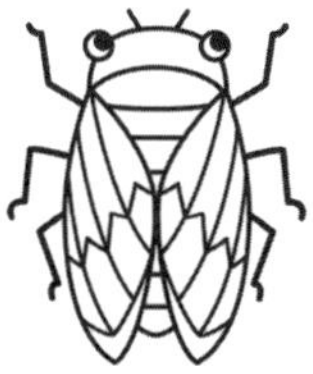
P145-33

P145-34

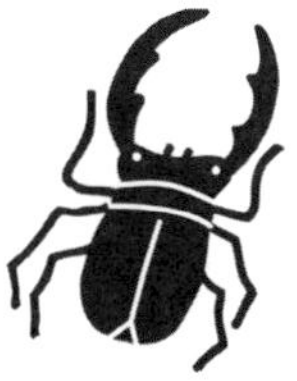
P145-35

P145-36

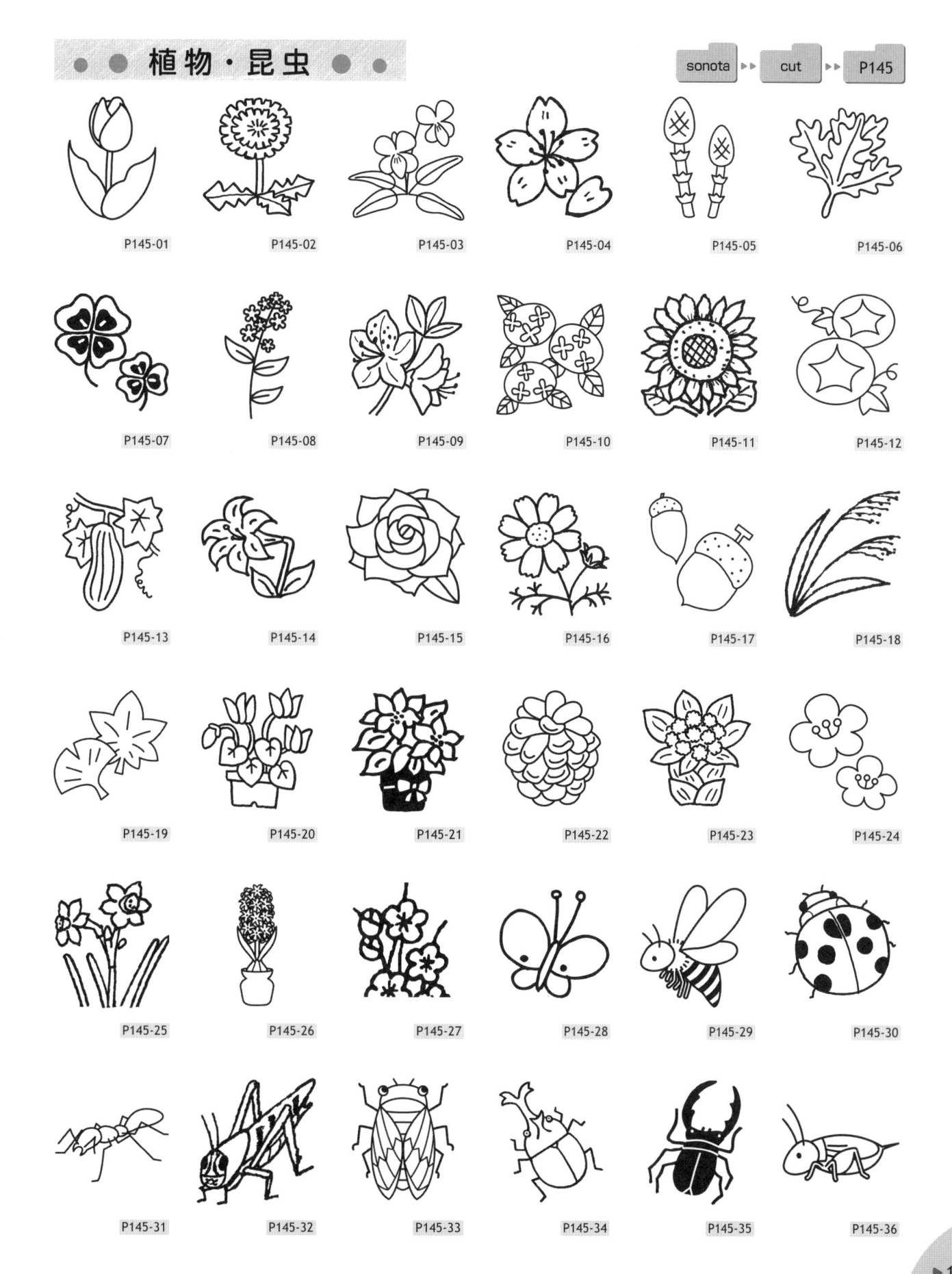

描き文字フォント

sonota ▸▸ kakimoji ▸▸ P146

あ P146-01	い P146-02	う P146-03	え P146-04	お P146-05	1 P146-51
か P146-06	き P146-07	く P146-08	け P146-09	こ P146-10	2 P146-52
さ P146-11	し P146-12	す P146-13	せ P146-14	そ P146-15	3 P146-53
た P146-16	ち P146-17	つ P146-18	て P146-19	と P146-20	4 P146-54
な P146-21	に P146-22	ぬ P146-23	ね P146-24	の P146-25	5 P146-55
は P146-26	ひ P146-27	ふ P146-28	へ P146-29	ほ P146-30	6 P146-56
ま P146-31	み P146-32	む P146-33	め P146-34	も P146-35	7 P146-57
や P146-36	ゆ P146-37	よ P146-38	！ P146-39	？ P146-40	8 P146-58
ら P146-41	り P146-42	る P146-43	れ P146-44	ろ P146-45	9 P146-59
わ P146-46	を P146-47	ん P146-48	゛ P146-49	。 P146-50	0 P146-60

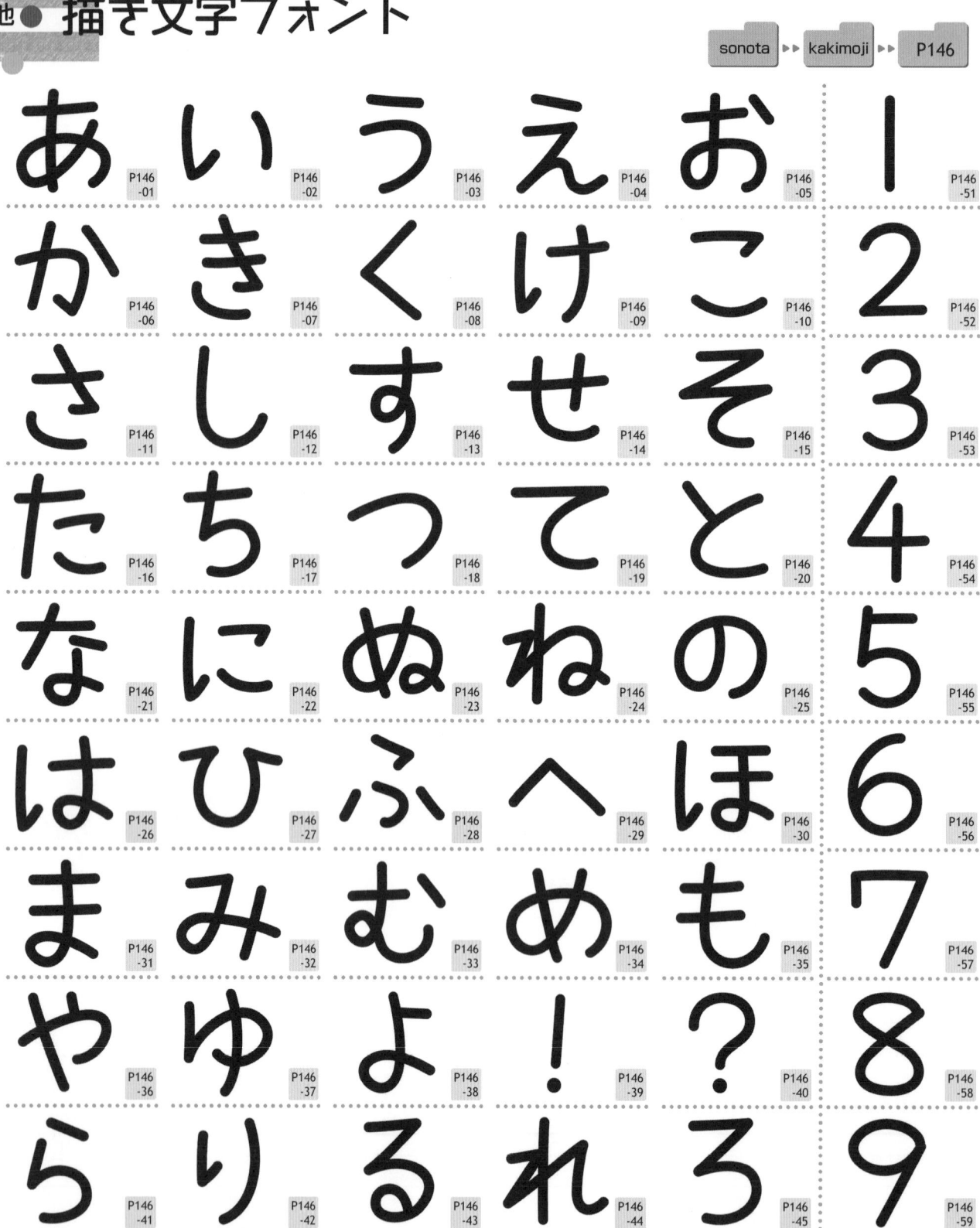

ア P147-01	イ P147-02	ウ P147-03	エ P147-04	オ P147-05	年 P147-49
カ P147-06	キ P147-07	ク P147-08	ケ P147-09	コ P147-10	月 P147-50
サ P147-11	シ P147-12	ス P147-13	セ P147-14	ソ P147-15	日 P147-51
タ P147-16	チ P147-17	ツ P147-18	テ P147-19	ト P147-20	
ナ P147-21	ニ P147-22	ヌ P147-23	ネ P147-24	ノ P147-25	組 P147-52
ハ P147-26	ヒ P147-27	フ P147-28	ヘ P147-29	ホ P147-30	
マ P147-31	ミ P147-32	ム P147-33	メ P147-34	モ P147-35	
ヤ P147-36	ユ P147-37	ヨ P147-38			保 P147-53
ラ P147-39	リ P147-40	ル P147-41	レ P147-42	ロ P147-43	育 P147-54
ワ P147-44	ヲ P147-45	ン P147-46	幼 P147-47	稚 P147-48	園 P147-55

○○園

○○ぐみ　名簿

	園児氏名	住　所	電話番号
1	○○ ○○○	○○市△△ □□ 00-00	000-000-0000
2	△△ △△△	○○市□□ ×× 00-00-000	000-000-0000
3			
4			
5			
6			
7			
8			
9			
10			
11			
12			
13			
14			
15			
16			
17			
18			
19			
20			
21			
22			
23			
24			
25			
26			
27			
28			
29			
30			

P148-01

名　簿

A4 サイズの名簿用フォーマット。
たてのものは 30 人まで、
横のものは 15 人まで書き込める
サイズです。

P148-02

○○○○ぐみのお友だち（名簿）

	園児氏名	住　所	電話番号
1	○○ ○○○	○○市△△ □□ 00-00	000-000-0000
2	△△ △△△	○○市□□ ×× 00-00-000	000-000-0000
3			
4			
5			
6			
7			
8			
9			
10			
11			
12			
13			
14			
15			

P148-03

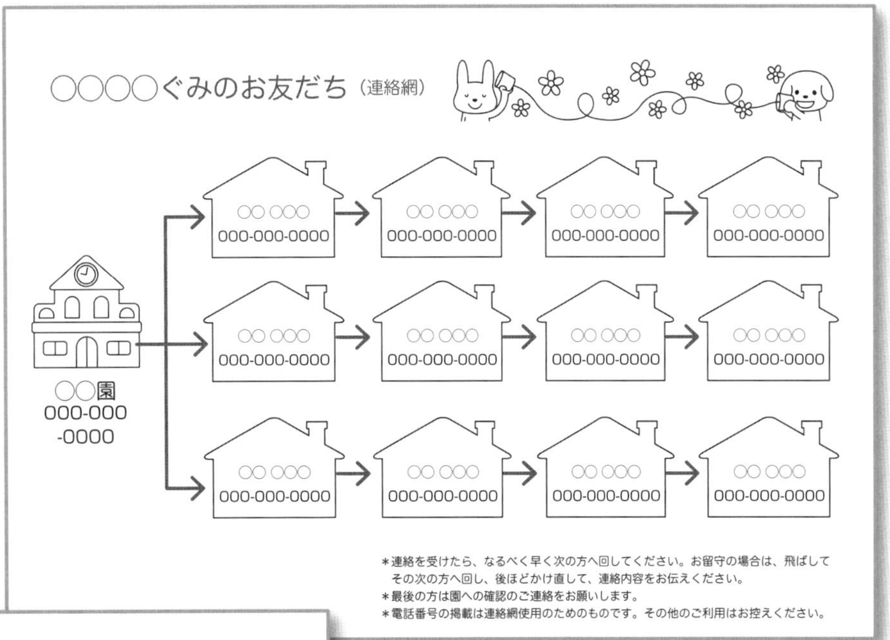

○○○○ぐみのお友だち（連絡網）

○○園
000-000
-0000

○○ ○○○ 000-000-0000 → ○○ ○○○ 000-000-0000 → ○○ ○○○ 000-000-0000 → ○○ ○○○ 000-000-0000

○○ ○○○ 000-000-0000 → ○○ ○○○ 000-000-0000 → ○○ ○○○ 000-000-0000 → ○○ ○○○ 000-000-0000

○○ ○○○ 000-000-0000 → ○○ ○○○ 000-000-0000 → ○○ ○○○ 000-000-0000 → ○○ ○○○ 000-000-0000

＊連絡を受けたら、なるべく早く次の方へ回してください。お留守の場合は、飛ばしてその次の方へ回し、後ほどかけ直して、連絡内容をお伝えください。
＊最後の方は園への確認のご連絡をお願いします。
＊電話番号の掲載は連絡網使用のためのものです。その他のご利用はお控えください。

P149-02

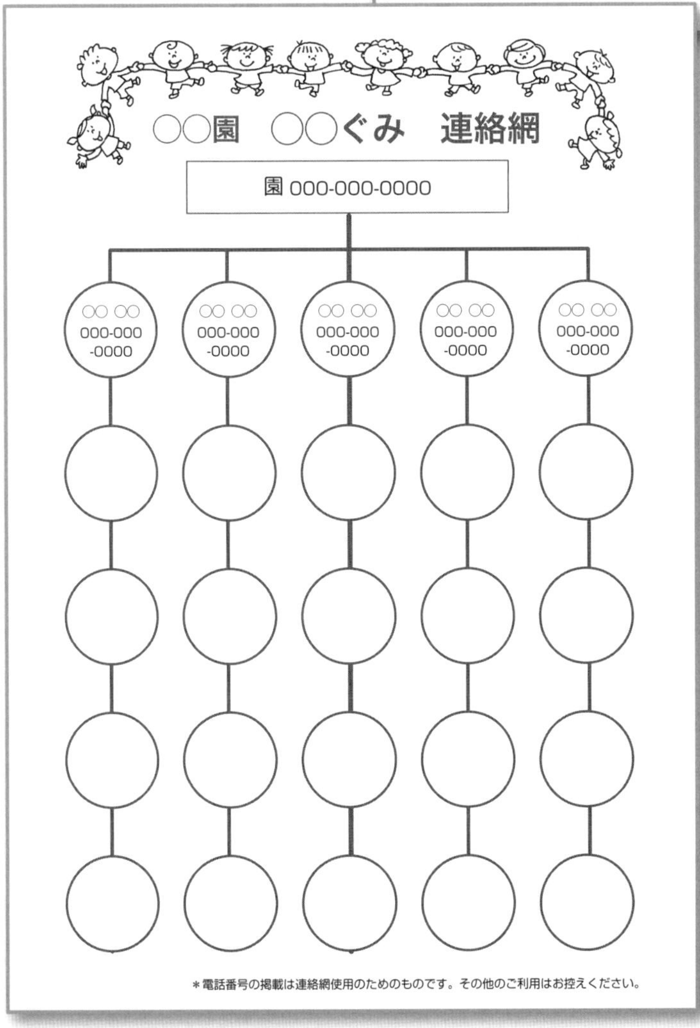

○○園　○○ぐみ　連絡網

園 000-000-0000

○○ ○○ 000-000 -0000 | ○○ ○○ 000-000 -0000 | ○○ ○○ 000-000 -0000 | ○○ ○○ 000-000 -0000 | ○○ ○○ 000-000 -0000

＊電話番号の掲載は連絡網使用のためのものです。その他のご利用はお控えください。

P149-03

● ● 連 絡 網 ● ●

A4 サイズの連絡網用フォーマット。
たてのものは 25 人まで、
横のものは 12 人まで書き込める
サイズです。

P149-01

● ● 行事予定 ● ●

A4サイズの行事予定フォーマット。
1年間の行事を一覧できる年間予定表と
具体的なことまで書き込める月間予定表が
あります。

P150-02

○○園　0000年度　**年間行事予定**

	行　事	MEMO
4月	始業式 入園式 ○○○○○	在園児○○名 入園園児○組　○○名 ○○○○○
5月	○○○○○	○○○○○
6月		
7月		
8月		
9月		
10月		
11月		
12月		
1月		
2月		
3月		

P150-01

P150-03

○○ぐみ　○月の行事

日時	行　事	持ち物	MEMO
○○日 △△時～△△時	遠足 (□□山自然公園)	弁当／水筒／おやつ／おしぼり／帽子 ○○／○○／○○／○○……	○○時バス到着 保護者参加有……

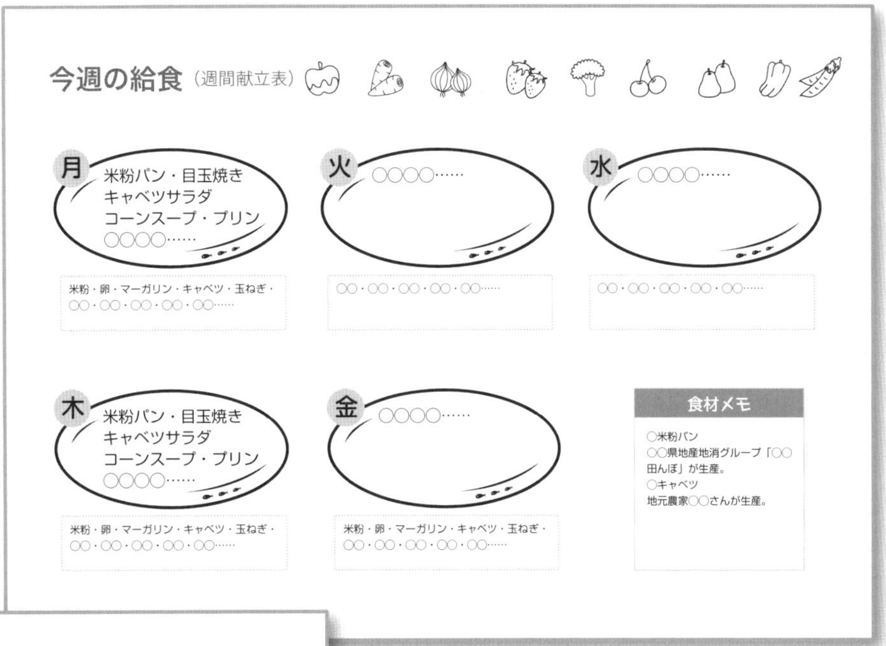
今週の給食（週間献立表）

月
米粉パン・目玉焼き
キャベツサラダ
コーンスープ・プリン
○○○○……
米粉・卵・マーガリン・キャベツ・玉ねぎ・
○○・○○・○○・○○・○○……

火
○○○○……
○○・○○・○○・○○・○○……

水
○○○○……
○○・○○・○○・○○・○○……

木
米粉パン・目玉焼き
キャベツサラダ
コーンスープ・プリン
○○○○……
米粉・卵・マーガリン・キャベツ・玉ねぎ・
○○・○○・○○・○○・○○……

金
○○○○……
米粉・卵・マーガリン・キャベツ・玉ねぎ・
○○・○○・○○・○○・○○……

食材メモ
○米粉パン
○○県地産地消グループ「○○田んぼ」が生産。
○キャベツ
地元農家○○さんが生産。

P151-02

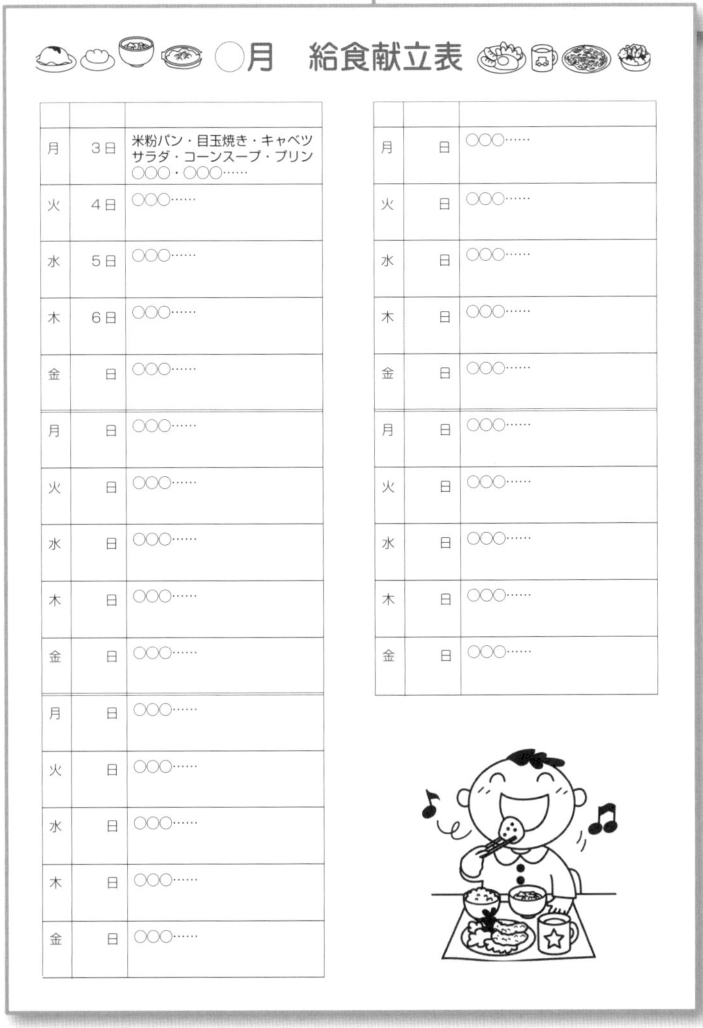
○月　給食献立表

月	3日	米粉パン・目玉焼き・キャベツ サラダ・コーンスープ・プリン ○○○・○○○……
火	4日	○○○……
水	5日	○○○……
木	6日	○○○……
金	日	○○○……
月	日	○○○……
火	日	○○○……
水	日	○○○……
木	日	○○○……
金	日	○○○……
月	日	○○○……
火	日	○○○……
水	日	○○○……
木	日	○○○……
金	日	○○○……

月	日	○○○……
火	日	○○○……
水	日	○○○……
木	日	○○○……
金	日	○○○……
月	日	○○○……
火	日	○○○……
水	日	○○○……
木	日	○○○……
金	日	○○○……

P151-03

献立表

A4サイズの献立表用のフォーマット。
材料や、食材についてのメッセージも
書き込める週間タイプと、毎月の献立が
ひと目でわかる月間タイプです。

P151-01

ほしい文例がすぐ探せる！ テーマ別 文例さくいん

●掲載ページ（ファイル名）が＊＊＊のあとにあるものは「囲みイラスト＋文例」に、……は「おたより文例」「文例」に、それぞれ掲載されています。
●(CDROM) の表示は、CD-ROM 限定文例です。それぞれ、gentei（限定）フォルダ内の gyouji（行事）、kodomo（子ども）、syokuiku（食育）、kenkou（健康）の各フォルダに収録されています。

園の行事

新年度のあいさつ
はじめまして＊＊＊＊＊＊＊＊＊＊ P035-01

入園
ご入園おめでとうございます……… P036-04
赤ちゃんたちが新しい環境に……… P036-07
今年は４人のかわいい０歳児が…… P036-08
ご入園おめでとうございます＊＊＊ P117-09
ご入園、ご進級、おめでとう……… P117-10
雨で迎えた入園式でしたが、途中… P117-11
卒園生が植えていった園庭の花々… P117-12
新しい園服。その胸に光る………… P117-13
入園当初、子どもたちは新しい…… P117-14
野も山もすっかり春に…(CDROM) gyouji01

進級
新入園児○名を迎えて、新しい…… P036-01
「年少組の子が砂場で泣いて…… P036-02
「お・は・よーう！」と元気良く… P036-03
花々もほころび始め………（3月） P113-07

参観
子どもたちが、どんな遊びをして… P043-06
保育参観のお知らせ＊＊＊＊＊＊＊ P121-09
いつも子どもが「ダーイスキ」と… P121-10
入園当初よりも「こんなことも」… P121-11
午前中は砂場を中心とした………… P121-12
先日の参観日には、たくさんの…… P121-13
保育参観日のお願いです。小さいお子さんは…(CDROM) gyouji02

遠足
○日に園外保育を行ないます……… P043-07
△△森林公園には自然を生かした… P043-08
○日に○○農園でおイモ掘りを…… P078-04
「おイモは、木になってるの？」…… P078-05
園生活最後の思い出に、みんなで… P113-03
春の親子遠足のお知らせ＊＊＊＊＊ P119-09
遠足のお知らせ ・日程 ○○月… P119-10
遠足の注意 ・当日、雨天の場合… P119-11
ドングリや落ち葉でままごとを…… P119-12
吹く風も心地良く、春の…(CDROM) gyouji03

夏期保育
今月は夏休みを取るご家庭も多く… P064-01

夏祭り
ハアーヨイヨイ＊＊＊＊＊＊＊＊＊ P063-01
ドロローン、お化け大会＊＊＊＊＊ P063-03
長いお休みを前に、今年も………… P064-02
金魚すくい、ヨーヨー釣り………… P064-03
盆踊りの曲がかかると「ワーイ」… P064-04

お泊まり保育
いよいよお泊まり会です！＊＊＊＊ P123-09
「お泊まり会って、園に泊まる……… P123-10
夏は子どもたちにとっては楽しい… P123-11
ちょっとドキドキ…でも楽しい…… P123-12
注意事項・当日は、忘れずに問診票… P123-13

運動会
運動会の始まりは？＊＊＊＊＊＊＊ P077-01
子どもたちはみんな、運動会に…… P078-01
さわやかな秋の一日、第○回……… P078-02
運動会が終わって２日が…………… P078-03
運動会にご参加ください＊＊＊＊＊ P125-09
年中・年少組の子どもたちは……… P125-10
今年の運動会のテーマは…………… P125-11
注意事項 ・親子体操で、地面に… P125-12
もうすぐ運動会です…(CDROM) gyouji04
運動会の音楽が流れると…(CDROM) gyouji05

親子観劇会
○○劇場にて、親子で劇を見る…… P078-06

作品展
○月○日に、作品展を開催いたし… P085-05
○月○日は作品展です＊＊＊＊＊＊ P127-09
作品展が近づきました。今まで…… P127-10
子どもは、自分の思ったことや…… P127-11
２学期に入ると、友達との………… P127-12
子どもたちはいろいろな製作の…… P127-13
作品展の絵が…(CDROM) gyouji06
○月○日の“さくひん…(CDROM) gyouji07

発表会・音楽会
音楽会では、『おもちゃのうた』を… P085-06
今月は２学期のしめくくりの月…… P092-01
12月○日に園のホールで………… P092-02
子どもたちに拍手を＊＊＊＊＊＊＊ P129-09
クラス全員で考えた「○組の……… P129-10
待ちに待った「○○○○音楽会」… P129-11
緊張して、いつものような………… P129-12
○○組のみんなでお話を作り……… P129-13
音楽会に向けて、あちこち…(CDROM) gyouji08
発表会で演じる…(CDROM) gyouji09
発表会が近づきました…(CDROM) gyouji10
○○組では、生活発表会…(CDROM) gyouji11

１日入園
○日は、４月から入園する………… P106-06

１日入学
あと少しで卒園です。学校生活を… P106-07

お別れ会
年長組の卒園を前に、○○組では… P113-04
「みんなで合奏しよう」…(CDROM) gyouji12

卒園
「手をつないでくれて、ありがとう」… P113-05
小さなヒナだと思っていたのに…… P113-06
ご卒園おめでとうございます＊＊＊ P131-09
日ごとに寒さも和らぎ、生き物や… P131-10
年長組になったばかりの４月の…… P131-11
暖かい春の日ざしを浴びて、草木… P131-12
担任として、いたらぬことも……… P131-13
４月に担任となったとき…(CDROM) gyouji13

季節の行事

こどもの日
ショウブ湯で元気になろう＊＊＊＊ P042-01
こどもの日は、端午の節句、また… P043-02
家に持ち帰る小さなこいのぼりと… P043-03
こどもの日に食べる「ちまき」。昔の中国の楚…(CDROM) gyouji14

母の日
大好き、お母さん＊＊＊＊＊＊＊＊ P042-02
1907（明治 40）年にアメリカ… P043-04
母の日に向けて、『おかあさん』の歌… P043-05

時の記念日
671 年、天智天皇が宮中に漏刻…… P050-02
子どもたちは、時間に興味を……… P050-03

父の日
父の日の由来＊＊＊＊＊＊＊＊＊＊ P049-01
今度の日曜日は“父の日参観”…… P050-04
子どもたちは、お父さんが大好き… P050-05
「よーく見てきたよ！」子どもたちがじっと観察してきたのは…(CDROM) gyouji15

七夕
五色は何色？＊＊＊＊＊＊＊＊＊＊ P056-01
「運転士さんになりたい」…………… P057-01
夏の夜空の北から南にかけて……… P057-02

海の日
海の日＊＊＊＊＊＊＊＊＊＊＊＊＊＊ P056-03

季節・自然

子どものようす

季節・自然とのかかわり
「春はそこまできているよ」と……… P036-06
急にザアッと雨が降ってくると…… P050-01
待ちに待った真夏の日ざしに……… P057-04
「夏休みにおばあちゃんの家に……… P064-05
「暑くて暑くて、体から涙が………… P064-09
〇君がトノサマバッタを持って…… P071-10
花壇のコスモスが毎朝子どもたち… P078-09
「秋ってどこなの？」と〇ちゃんが… P078-10
「イチョウの葉っぱが落ちてたよ」… P085-01
こがらしが吹き始め、いよいよ…… P092-08
手とほおをまっかにしながら、霜… P106-01
子どもたちは、寒さに負けず、元気… P106-02
暦のうえでは立春を過ぎても……… P106-09
（ヒヤシンスの水栽培）
クラスのアサガオも………(CDROM) kodomo08
楽しいことがいっぱいの"夏"がやってきました…(CDROM) kodomo09
太陽が熱く照りつける中…(CDROM) kodomo10
園庭のサクラの木の葉が…(CDROM) kodomo11
木枯らしに負けず…………(CDROM) kodomo12
お父さんと土手に行った〇君がツクシを摘んで…(CDROM) kodomo13

乳児
最近、〇ちゃんの口癖は"やりたい"… P043-11
蒸し暑い日が続いているせいか…… P050-08
初めて履いた長靴がよほど………… P050-09
０歳児クラスは…ビニールプール… P057-08
暑さが厳しいので、お散歩の……… P064-11
まだ言葉の出ない赤ちゃんでも…… P064-12
お散歩のたびに、見つけた石ころ… P071-11
運動会のダンスは『どうぶつ……… P071-12
まだ歩けない赤ちゃん組ですが…… P078-11
散歩で集めたドングリに、きりや… P078-12
「もういいかーい」と言うと………… P085-09
作品展の準備をしている年長児の… P085-10
冬晴れの昼間は意外にポカポカと… P092-09
おもちゃを出してもかたづける…… P092-10
赤ちゃんが最初にしゃべる言葉は… P099-08
「みてて、ひとりでできるよ」…… P099-09
風のない穏やかな冬の日は、外気… P106-11
「あい、あい」とコップを運んで…… P113-10
冬の間、ひっそりとしていた砂場… P113-11
スパパパパーッ。あれ？ 今、横を……（入園１か月）…(CDROM) kodomo14
すっかり夏になりました。天井から下げた魚のモビール……(CDROM) kodomo15

食育

食材
旬の野菜で元気になろう（春野菜） P035-02
食べ物がどのようにして育ち……（ハツカダイコンの種まき） P036-15
ぬか漬けのすすめ＊＊＊＊＊＊＊＊ P056-04
旬の食材は甘味やうま味があり……（夏野菜） P057-12
日本人の一番不足しがちな栄養素は、カルシウム……（牛乳） P057-13
スイカ豆知識＊＊＊＊＊＊＊＊＊＊ P063-04
夏の風物詩といえる「トコロテン」… P064-14
世界で一番多く生産されていて、その栄養値の……（ブドウ） P071-14
赤いカキと青い医者＊＊＊＊＊＊＊ P077-02
大好き！ サツマイモ＊＊＊＊＊＊＊ P077-04
冬ダイコンが旬を迎えて…………… P092-13
大豆のチカラ＊＊＊＊＊＊＊＊＊＊ P105-04
「菜の花」とは、アブラナ科の花……（菜の花） P113-13
トウモロコシは、小麦や稲と並ぶ世界三大作物……(CDROM) syokuiku01
食欲・秋…といえば、たきたてのごはんを……（米）…(CDROM) syokuiku02

行事食・料理
芋名月＊＊＊＊＊＊＊＊＊＊＊＊＊ P070-04
お月見団子を作りましょう！……… P071-15
先月のイモ掘り遠足で掘ったサツマイモでスイートポテト団子を…… P085-12
冬至のカボチャ＊＊＊＊＊＊＊＊＊ P091-04
おもちと普通のごはんとの差は…… P092-12
かがみびらき＊＊＊＊＊＊＊＊＊＊ P098-01
病気を防ぐ？ 七草がゆ＊＊＊＊＊ P098-04
平安時代、いろいろな「節句」に…（おせち） P099-12
古来の鏡は、丸い形をしていて……（鏡餅） P099-13
２月１４日はバレンタインデー……（チョコレート） P106-13
寒さを吹き飛ばす、あったかおやつ…（キンカン） P106-14
ヘンシーン！ お米＊＊＊＊＊＊＊ P112-04

食習慣
食欲は活動意欲の源………（食欲） P036-14
初めてのお弁当の日、……………… P043-13
このごろのお弁当タイムには……… P043-14
ストップ 食中毒＊＊＊＊＊＊＊＊ P049-04
頭もよくなる カミ カミ カミ＊＊＊ P049-06
あぶらのとりすぎに注意を！＊＊＊ P084-04
加工食品やスナック菓子は塩分がたくさん含まれて…(CDROM) syokuiku03

食への関心
「栄養」という言葉に興味を持ち…… P050-12
３歳くらいの子どもが好き嫌いを… P050-13
「うちでは絶対ニンジンは食べない」と言って悩んでいる…… P078-14

健康

清潔の習慣など
６月４日の、6・4の音に合わせ、虫歯予防デーとしたのは……（清潔） P050-14
梅雨の季節は、カビが生えたり、ものが腐りやすい……（清潔） P050-15
暑いからと、クーラーの利いた部屋の中ばかりに……（生活リズム） P057-15
大切にしようね ２つの目＊＊＊＊＊ P077-06
１０月１０日は目の愛護デーです。本やテレビを……（生活リズム） P078-15
朝晩の急な冷え込みで、重ね着をしがちなこのごろですが……（薄着） P085-13
やってみようよ 緑茶のうがい＊＊＊ P091-06
冬は、ついつい部屋を………………（部屋の温度と換気） P092-14
健康＋エコ 室温に注意＊＊＊＊＊＊ P098-06
「かぜ」は、子どもに限られる病気ではありません……（予防） P099-14
ユズ風呂が暖まるといわれますが、ミカンの皮にも……（入浴） P106-15
鼻、かめるかな？＊＊＊＊＊＊＊＊ P112-06
「賢者のスポーツ」をご存じですか……（歩く） P113-14
人の動作はすべて脳からの命令を…（笑い） P113-15
ウイルスを追い出せ！＊＊＊＊＊＊ P141-09
ごはんを食べたら、歯みがきを…… P141-10
おふろ嫌いさんは、いませんか？… P141-11
泥んこ遊びのあと、「よごれちゃったね」と……（清潔） P141-12
おひさまの下で元気に走り回る子どもたち……（汗をふく） P141-13
鼻をかむのは、案外難しいもの…… P141-14
冷たい北風にさらされたまっかな…（ストーブの時期）(CDROM) kenkou01

生活習慣

保護者へ

月の目標

誕生日

おたんじょうび
おめでとう

CD-ROMをお使いになる前に

ご利用になる前に必ずお読みください！

付録のCD-ROMは、イラストデータ（PNG形式）とWordテンプレートデータを収録しています。
付録CD-ROMを開封された場合、以下の事項に合意いただいたものとします。

動作環境

パソコン：Microsoft Windows XP、Mac OS X以上が動作するパソコン。

アプリケーション：テンプレートデータを使用するには、Microsoft Word 97またはMicrosoft Word 2008 for Mac以上がパソコンにインストールされている必要があります。一太郎ではテンプレートデータをご利用になれませんのでご注意ください。処理速度が遅いパソコンではデータを開きにくい場合があります。

CD-ROMドライブ：付録CD-ROMを再生するにはCD-ROMドライブが必要です。

本書掲載イラスト、CD-ROM収録のデータ使用の許諾と禁止事項

本書掲載イラスト等、およびCD-ROM収録のデータは、ご購入された個人または法人が、その私的範囲内において自由に使っていただけます。ただし、以下のことを遵守してください。

- 募集広告、商用営利目的、インターネットのホームページなどに使用することはできません。
- 本書掲載イラスト等、およびCD-ROM収録のデータを複製し、第三者に譲渡・販売・頒布（インターネットを通じた提供も含む）・賃貸することはできません。

  （弊社は、本書掲載イラスト、CD-ROM収録のデータすべての著作権を管理しています。）

ご注意

- 本書掲載の操作方法や操作画面は、『Microsoft Windows 7 Professional』上で動く、『Microsoft Office Word 2010』を使った場合のものを中心に紹介しています。

  Windows XP、Windows Vista、Mac OS X、Word 2003、Word 2007、Word 2011 for macの操作と大きく異なる場合は、それぞれの操作手順もあわせて紹介していますが、お使いの環境によって操作方法や操作画面が異なる場合がありますので、ご了承ください。
- イラストデータは、200％以上拡大するとギザツキが目だってくることがあります。
- テンプレートデータは、Windows 7・Word 2003以降に最適化されています。お使いのパソコン環境やアプリケーションのバージョンによっては、レイアウト等が崩れる可能性があります。
- お使いのプリンタやプリンタドライバ等の設定により、本書掲載のイラストと色調が変化する可能性があります。
- お客様が本書付録CD-ROMのデータを使用したことにより生じた損害、障害、その他いかなる事態にも、弊社は一切責任を負いません。
- 本書に記載されている内容に関するご質問は、弊社までご連絡ください。ただし、付録CD-ROMに収録されている画像データについてのサポートは行なっておりません。

※ Microsoft Windows, Microsoft Office Wordは、米国マイクロソフト社の登録商標です。

※ Macintosh, Mac OSは米国アップル社の登録商標です。

※ その他記載されている、会社名、製品名は、各社の登録商標および商標です。

※ 本書では、™、®、©、マークの表示を省略しています。

CD-ROM取り扱い上の注意

- 付録のディスクは「CD-ROM」です。一般オーディオプレーヤーでは絶対に再生しないでください。パソコンのCD-ROMドライブでのみお使いください。
- CD-ROMの裏面に指紋をつけたり、傷をつけたりするとデータが読み取れなくなる場合があります。CD-ROMを扱う際には、細心の注意を払ってお使いください。
- CD-ROMドライブにCD-ROMを入れる際には、無理な力を加えないでください。CD-ROMドライブのトレイに正しくセットし、トレイを軽く押してください。トレイにCD-ROMを正しくのせなかったり、強い力で押し込むと、CD-ROMドライブが壊れるおそれがあります。その場合も一切責任は負いませんので、ご注意ください。

『Word』がわからなくてもできる！
パソコンでらくらくカンタンマニュアル

『Word』が未経験でも、このマニュアルを見ればカンタンにおたよりなどが作れます。付録の CD-ROM に入っているテンプレートやイラスト、文例を使って、オリジナルなおたよりを作りましょう。

ここでは、Windows 7 上で Microsoft Office Word 2010 を使った操作手順を中心に紹介しています。
Windows XP、Windows Vista、Mac OSX、Word 2003、Word 2007、Word 2011 for mac の操作と大きく異なる場合は、それぞれの操作手順もあわせて紹介していきます。

※掲載されている操作画面は、CD-ROM に収録されているものとは異なる場合があります。
ご了承ください。

CONTENTS

基本編 今すぐ テンプレートでおたよりを作ろう！

発展編 ステップアップ！ 知って得するおたより作成のコツ

Word のギモン Q&A

マウスの基本操作

マウスは、ボタンが上にくるようにして、右手ひと差し指が左ボタン、中指が右ボタンの上にくるように軽く持ちます。
手のひら全体で包み込むようにして、机の上を滑らせるように上下左右に動かします。

クリック

左ボタンを１回押します。
ファイルやフォルダ、またはメニューを選択したり、「OK」などのボタンを押したりする場合に使用します。

ダブルクリック

左ボタンをすばやく２回押す操作です。プログラムなどを起動したり、ファイルやフォルダを開く場合に使用します。

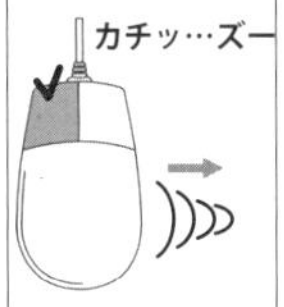

ドラッグ

左ボタンを押しながらマウスを動かし、移動先でボタンを離す一連の操作をいいます。
文章を選択したり、イラストを移動する場合に使用します。

右クリック

右ボタンを１回押す操作です。
右クリックすると、操作可能なメニューが表示されます。

基本編 今すぐテンプレートでおたよりを作ろう！

ここではテンプレートを使って編集する方法を説明します。

Step1 テンプレートを開く

まず、本文中のテンプレートから作りたいものを選び、CD-ROM の中のテンプレートを開きます。

1. CD-ROM をパソコンにセットする

付録の CD-ROM を絵の描いてある面を上にして、パソコンの CD-ROM ドライブに入れます。
CD-ROM のセット方法は、お使いの機種によって異なりますので、説明書などを参照してください。

2. CD-ROM を開く

画面上に「自動再生」の画面が表示されます。リストから「フォルダを開いてファイルを表示」をクリックします。

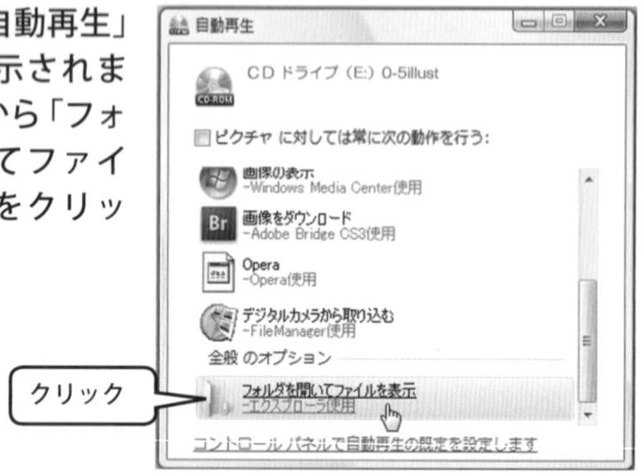

自動再生や CD-ROM のウィンドウを閉じてしまった場合

スタートボタン横のフォルダボタンをクリックして、CD-ROM ドライブを開いてください。

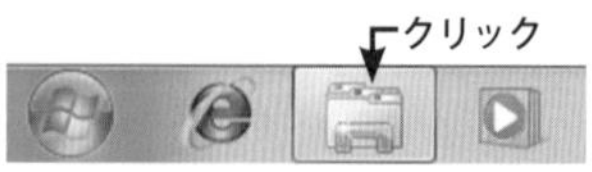

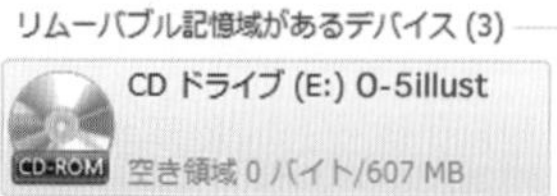

Windows Vista

「スタート」メニューから「コンピュータ」を選択し、開いたウィンドウからアイコンをダブルクリックします。

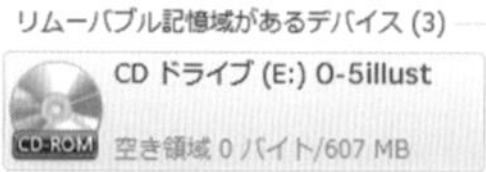

Windows XP

①「スタート」ボタンをクリックして、「マイ コンピュータ」をクリックします。デスクトップ上に右図の「マイコンピュータ」アイコンがある場合は、そのアイコンをダブルクリックします。

②「マイ コンピュータ」ウィンドウが開くので、アイコンをダブルクリックします。

Mac OS X

デスクトップ上のアイコンをダブルクリックします。

3. テンプレートを開く

フォルダを順次ダブルクリックして開いていきます。Word のテンプレートのアイコンをダブルクリックすると、Word が起動してテンプレートが開きます。

Step2

テンプレートの構成

テンプレートは、イラストやテキストボックスなどを組み合わせて作成されています。

テンプレートの文書構成

おたよりのテンプレートは、B4 横、2 段組のレイアウトで構成されています。イラストをクリックすると、イラスト枠が表示され、文章内をクリックするとテキストボックス枠が表示されます。

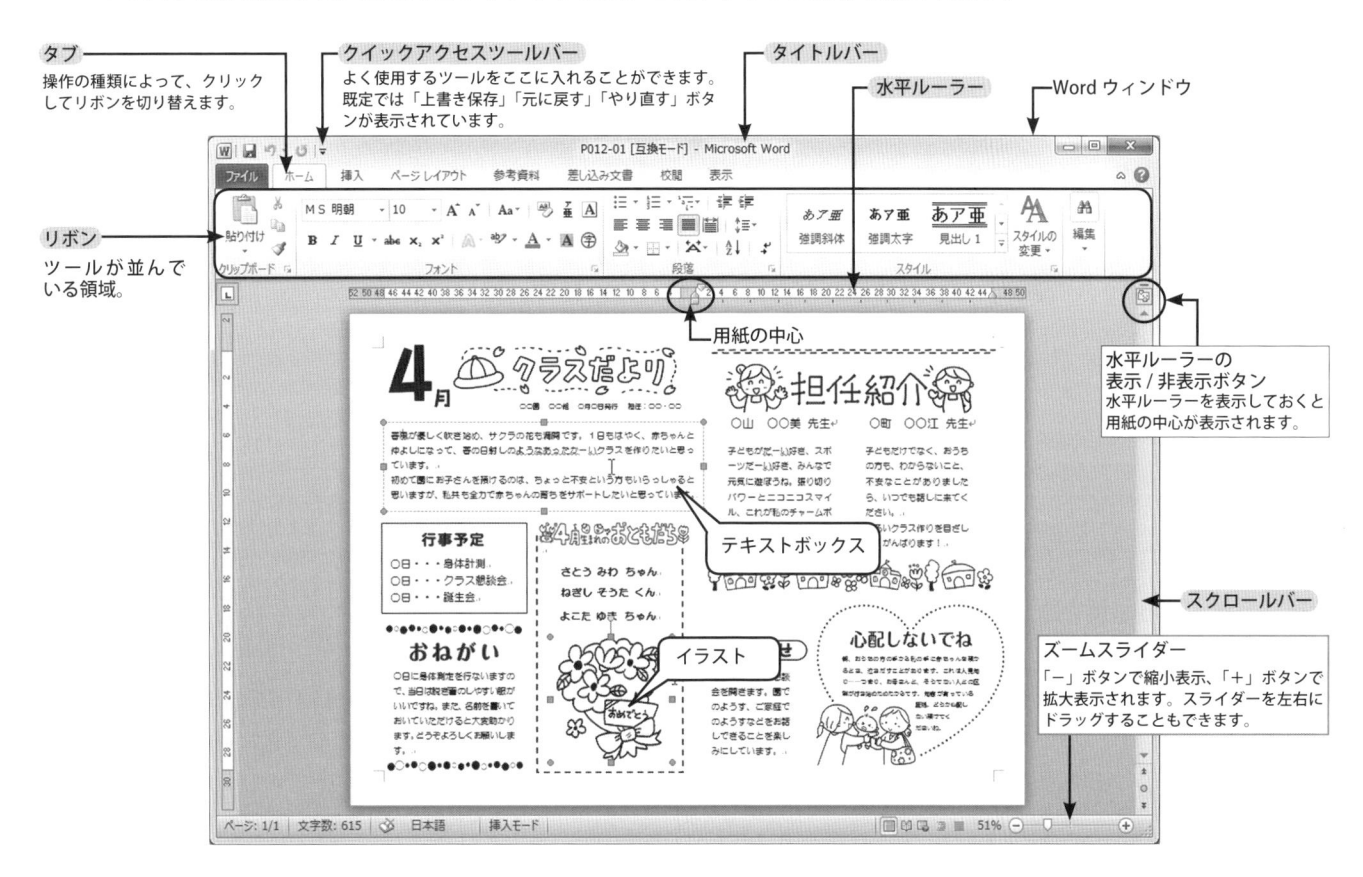

タブ
操作の種類によって、クリックしてリボンを切り替えます。
クイックアクセスツールバー
よく使用するツールをここに入れることができます。既定では「上書き保存」「元に戻す」「やり直す」ボタンが表示されています。
タイトルバー
水平ルーラー
Word ウィンドウ
P012-01 [互換モード] - Microsoft Word
リボン
ツールが並んでいる領域。
用紙の中心
水平ルーラーの表示 / 非表示ボタン
水平ルーラーを表示しておくと用紙の中心が表示されます。
テキストボックス
イラスト
スクロールバー
ズームスライダー
「－」ボタンで縮小表示、「＋」ボタンで拡大表示されます。スライダーを左右にドラッグすることもできます。
4月 クラスだより
担任紹介
行事予定
おねがい
心配しないでね

2003
メニューバー
標準ツールバー
書式設定ツールバー

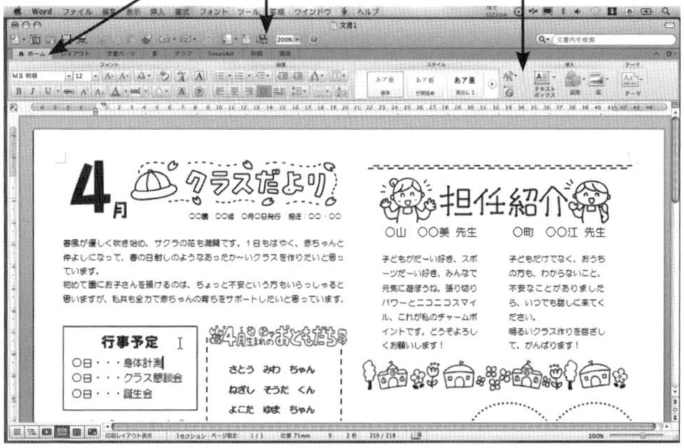

mac 2011
タブ
標準ツールバー
リボン

Step3

名前を付けて保存する

CD-ROM に収録されているテンプレートを開いたら、まず、お使いのバージョンに合わせて保存しておきましょう。

CD-ROM に収録されているテンプレートは、旧バージョンでも使えるように「Word 97-2003 形式」で作成されています。
Word 2010 または Word 2007 で開くと「互換モード」となり、一部の機能が制限されます。また、そのまま保存するとレイアウトが崩れることがあります。まず、お使いのバージョンの形式で保存してから編集しましょう。

① リボンの「ファイル」タブをクリックし、「情報」に表示されている「変換」をクリックします。

②「この処理では…変換します。」というメッセージが表示されるので「OK」ボタンをクリックします。※出ない場合もあります。

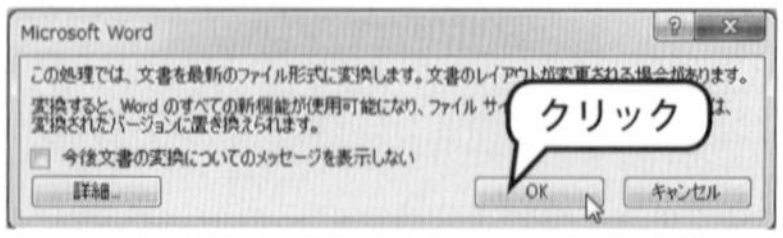

③ もう一度「ファイル」タブをクリックし、「名前を付けて保存」を選択すると「名前を付けて保存」の画面が表示されます。保存先を指定してファイル名を変更し、「保存」ボタンをクリックします。

2007

① Office ボタンをクリックして、②「変換」ボタンをクリックします。すると「この処理では…変換します。」というメッセージが表示されるので「OK」ボタンをクリックします。

③もう一度 Office ボタンをクリックして、「名前を付けて保存」をクリックすると「名前を付けて保存」の画面が表示されます。

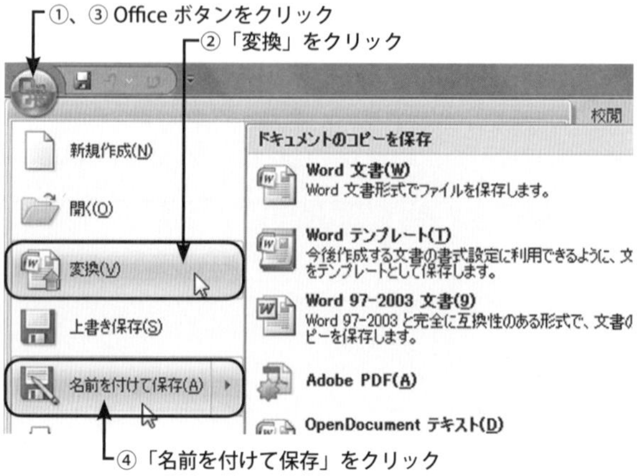

2003

①「ファイル」メニューの「名前を付けて保存」をクリックします。

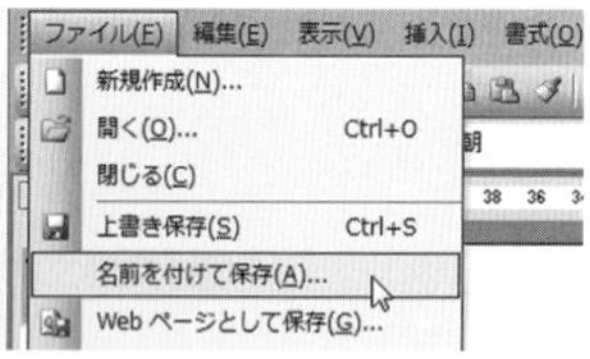

②「名前を付けて保存」の画面が表示されるので、「ファイル名」ボックスに名前を入力します。保存場所を指定して「保存」ボタンをクリックします。

mac 2011

①「ファイル」メニューの「名前を付けて保存」をクリックすると、右図の画面が表示されるので、文書の名前を入力します。

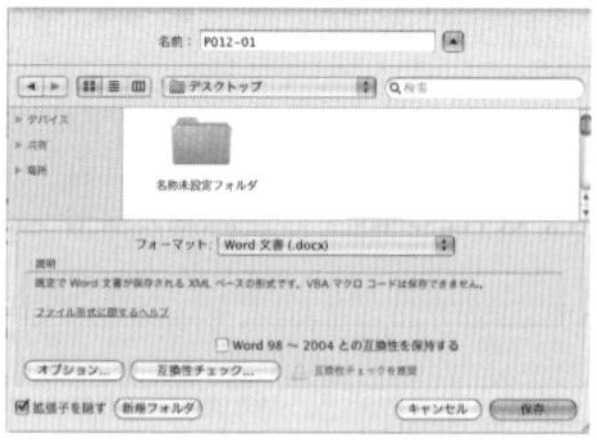

② 保存場所を指定して、「フォーマット」をお使いのバージョンに合わせて変更し「保存」します。

Step4
文章を変更・削除する

テンプレートの文章を変更して、用途に合わせた内容にします。

1. 文章を変更する

① 変更したい文章の左端にカーソルを合わせてクリックします。

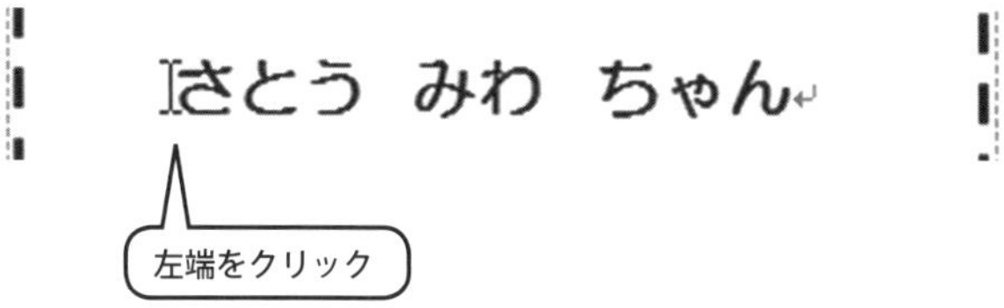

さとう みわ ちゃん
左端をクリック

② クリックしたまま、右方向へマウスを動かしてドラッグすると、選択範囲の背景に色がつきます。

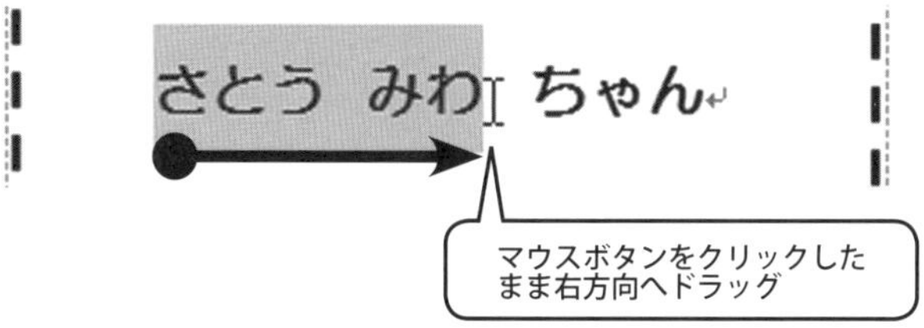

さとう みわ ちゃん
マウスボタンをクリックしたまま右方向へドラッグ

③ そのまま新しい文章を入力しましょう。文章が置き換わります。

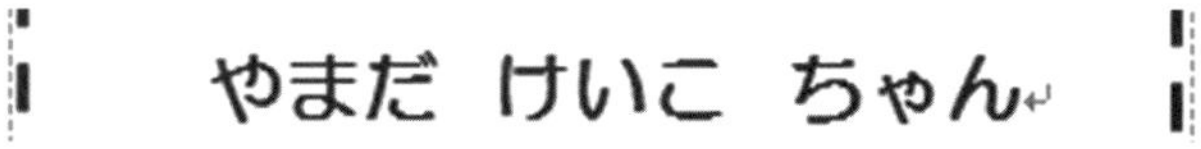

やまだ けいこ ちゃん

2. 文章を削除する

削除する文章をドラッグして選択し、「Delete」キーを押します。

Step5
文字の書体やサイズを変更する

パソコンで使用する文字はフォントと呼ばれ、フォントの種類（書体）やフォントサイズを簡単に変更することができます。

1. フォントを変更する

① フォントを変更したい文字をドラッグして選択します。

②「ホーム」タブをクリックして、「フォント」グループの「フォントボックス」の▾をクリックします。

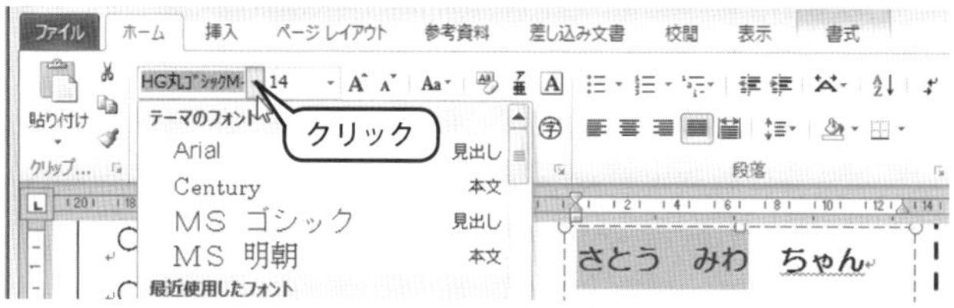

クリック

③ マウスポインタをリストのフォント名に合わせると、選択範囲のフォントが変更されます。フォント名をクリックして確定します。

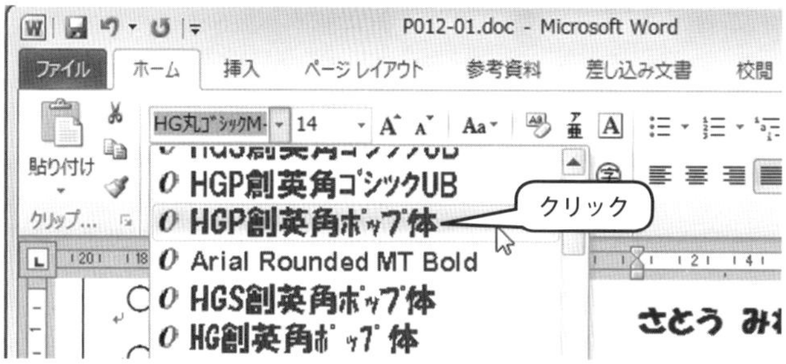

P012-01.doc - Microsoft Word
クリック

2. 文字のサイズを変更する

サイズを変更したい文字を選択し、「フォントサイズ」の▾をクリックして、リストからサイズを選択します。

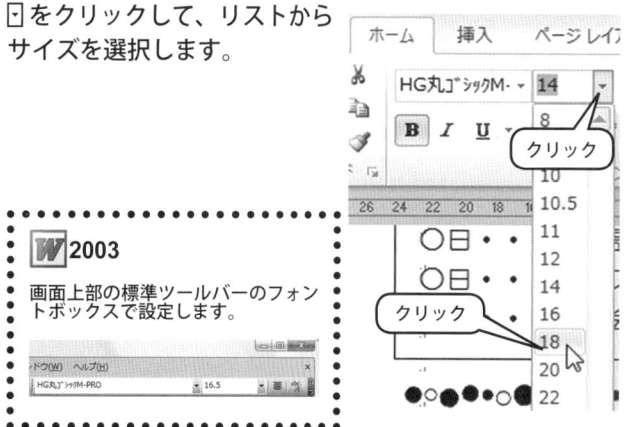

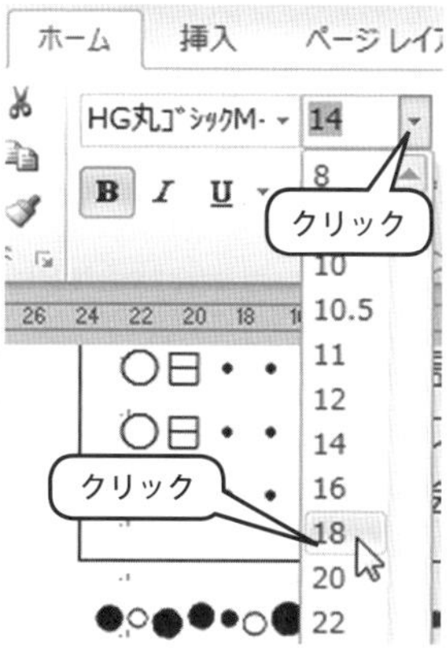

クリック
クリック

2003

画面上部の標準ツールバーのフォントボックスで設定します。

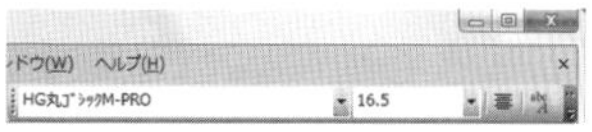

Step6

文例を差し替える

CD-ROMには、いろいろな文例が用意されています。テキストボックスの文章を別の文例に差し替えてみましょう。

1. 文例のテキストファイルを開く

① CD-ROMフォルダを表示するため、Word画面の右上にある「最小化」ボタンをクリックします。

② CD-ROM内から文例のファイルを選び、アイコンをダブルクリックすると、文例が表示されます。

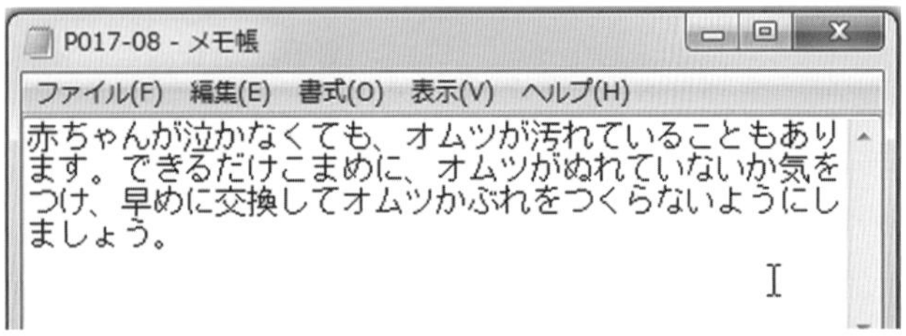

★ 文例はテキストファイルなので、Windowsでは「メモ帳」（上図）、MacOSでは「テキストエディット」などのテキストエディタを起動し開くことができます。

★ 文例が数行しか表示されない場合は、画面上部の「書式」メニューから「右端で折り返す」を選択してください。

2. 文例をコピーする

① 差し替えたい文章の左端にカーソルを合わせ、ドラッグして範囲を選択します。

★ 文例をすべて選択するには、画面上部の「編集」をクリックして「すべて選択」をクリックすると便利です。

② 画面上部の「編集」をクリックし、「コピー」をクリックします。

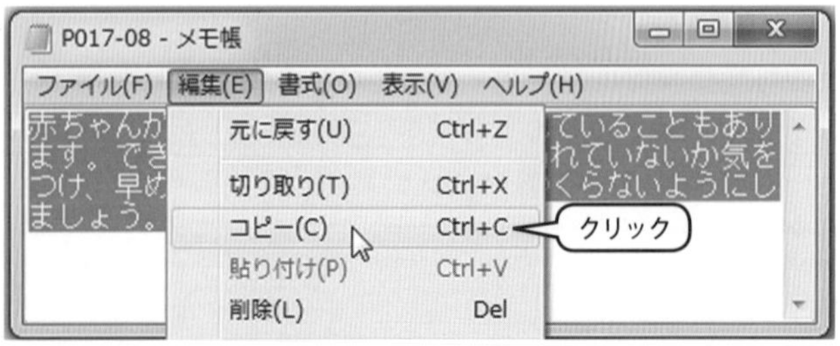

3. ワードに切り替える

画面左下にある「W」アイコンにマウスポインタを合わせると、最小化したWord文書の小さい画像（サムネイル）が表示されます。テンプレートの画像をクリックすると、画面がWordに切り替わります。

Windows XP **Vista**

画面下の「Word」ボタンをクリックして画面を切り替えます。

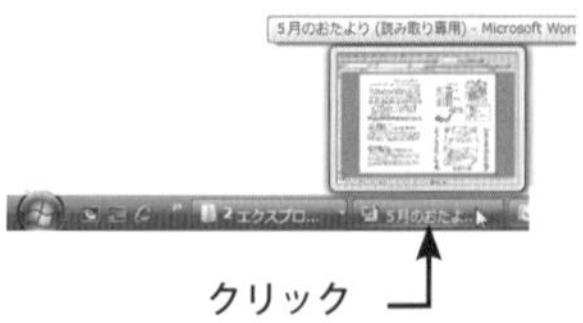

Mac OS X

編集中のファイルのウインドウをクリック、または、画面下の「Dock」から「Word」をクリックすると切り替わります。

4. コピーした文例を貼り付ける

① テンプレートの画面に戻ったら、差し替えたい文章をドラッグして選択します。

②「ホーム」タブの「貼り付け」ボタンをクリックすると、コピーした文例と置き換わります。

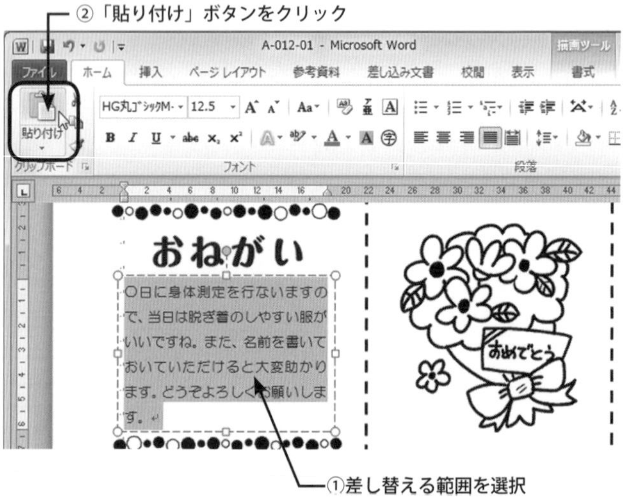

Step7

テキストボックスを調節・削除する

テキストボックスに文章が入りきらない場合などは、フォントサイズやテキストボックスのサイズを変更してみましょう。

1. テキストボックスの選択

① テキストボックス内をクリックすると、テキストボックスの枠が点線で表示され、文字の編集モードになります。

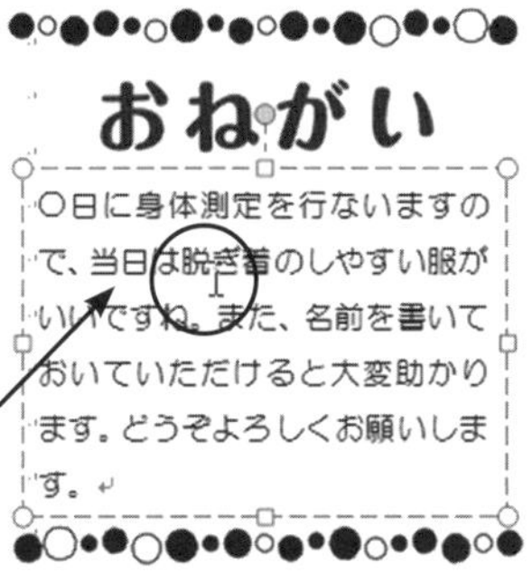
おねがい
○日に身体測定を行ないますので、当日は脱ぎ着のしやすい服がいいですね。また、名前を書いておいていただけると大変助かります。どうぞよろしくお願いします。
テキストボックス内をクリック

② 続けてテキストボックスの枠上にマウスポインターを合わせると、十字矢印 ✥ の形に変わります。クリックすると実線に変化し、テキストボックスの選択状態になります。

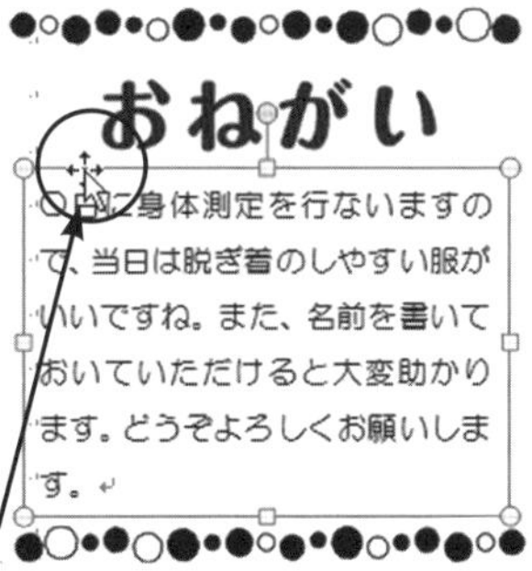
おねがい
○日に身体測定を行ないますので、当日は脱ぎ着のしやすい服がいいですね。また、名前を書いておいていただけると大変助かります。どうぞよろしくお願いします。
枠をクリック

2. テキストボックス全体の書式設定

テキストボックスを選択して書式を変更すると、テキストボックス内のすべての文字に反映されます。

全体のフォントサイズを変更したいときは、テキストボックス枠を選択し、「ホーム」タブの「フォントサイズ」の ▾ をクリックして、サイズを選択します。

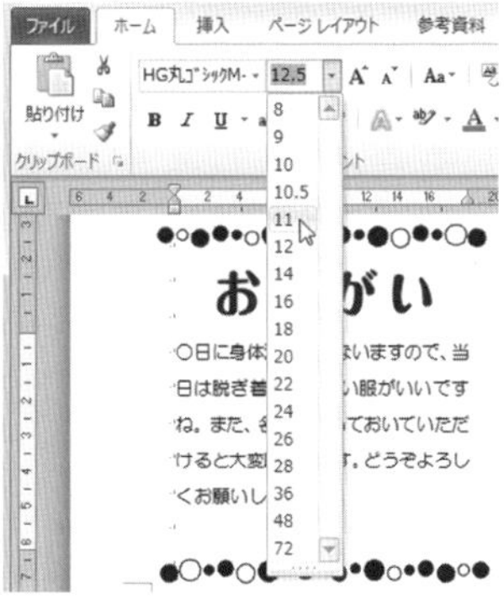
ファイル
ホーム
挿入
ページレイアウト
参考資料
貼り付け
クリップボード
12.5
8
9
10
10.5
11
12
14
16
18
20
22
24
26
28
36
48
72

3. テキストボックスのサイズ変更

テキストボックスの枠に表示されている■や●をハンドルと呼びます。ハンドルにマウスポインタを合わせると、マウスポインタの形が下図のように変化するので、そのままクリックしてドラッグするとサイズを変更することができます。

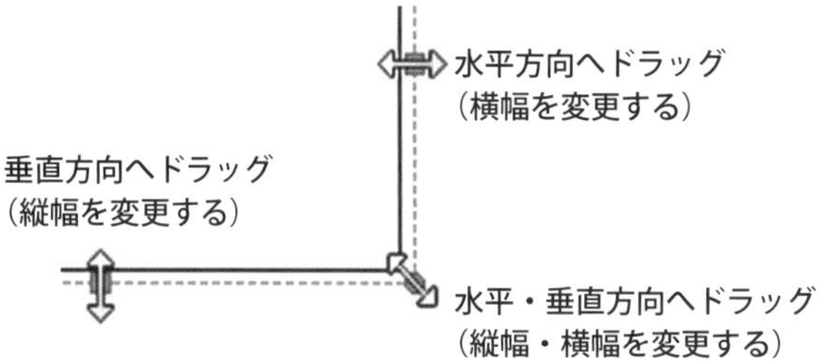
水平方向へドラッグ
（横幅を変更する）
垂直方向へドラッグ
（縦幅を変更する）
水平・垂直方向へドラッグ
（縦幅・横幅を変更する）

★「Shift」キーを押しながらハンドルをドラッグすると、縦横比を変えずに拡大・縮小することができます。

4. テキストボックスの移動

テキストボックスを移動するには、テキストボックスの枠線をクリックして選択し、そのままドラッグします。

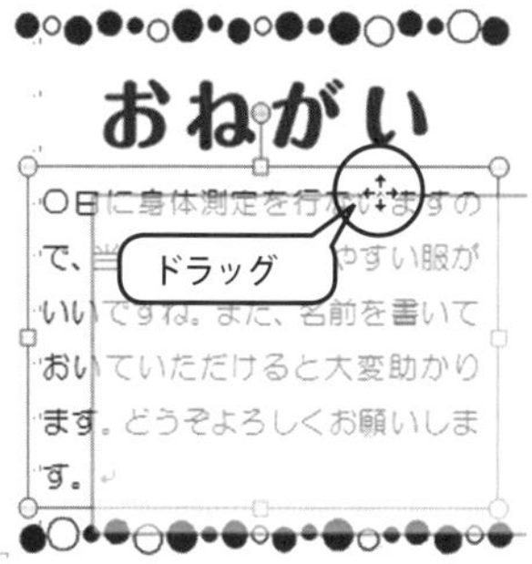
おねがい
ドラッグ

5. テキストボックスの削除

テキストボックスを削除するには、テキストボックスの枠をクリックして選択し、「Delete」キーを押します。

Step8

イラストの移動とサイズ変更

レイアウトを変更するとイラストと文章が重なってしまうことがあります。イラストも自由に位置を変えたり、サイズを変更したりできます。

1. イラストを移動する

動かしたいイラスト上にマウスポインタを合わせると、マウスポインタの形が に変化します。クリックして、そのままドラッグするとイラストが移動します。

★ テキストボックスとイラストが重なっている場合は、テキストボックスの外側部分をクリックします。

★ イラストをクリックして選択し、キーボードの矢印キーで移動すると、細かい位置合わせができます。

2. イラストのサイズを変更する

イラストをクリックして選択すると、枠と枠の周辺に□や○のハンドルが表示されます。テキストボックスと同様にハンドルにマウスポインタを合わせてクリックし、ドラッグしてサイズを変更します。

★ イラストの場合は、角ハンドル○を斜め方向にドラッグすると、縦横比を変えずに拡大・縮小することができます。

★ 各ハンドルについては、P163「3. テキストボックスのサイズ変更」を参照してください。

Step9

イラストを入れ替える

CD-ROMには、たくさんのイラストが収録されています。テンプレートのイラストを別のイラストと入れ替えてみましょう。

① 入れ替えたいイラストをクリックして選択し、「図ツール」の「書式」タブにある「図の変更」をクリックします。

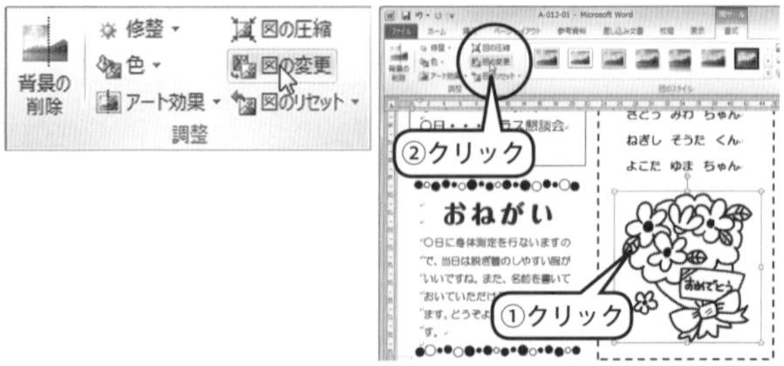

★ イラスト選択中は、リボンに「図ツール」の「書式」タブが表示されます。

②「図の挿入」の画面が開くので、入れ替えたいイラストをクリックして選択し、「挿入」ボタンをクリックします。

③ イラストが入れ替わりました。

2003

Word 2003以前には「図の変更」機能はないので、入れ替えたいイラストを削除してから挿入します。(Step10参照)

mac 2011

「図の変更」機能はないので、入れ替えたいイラストを削除してから挿入します。(Step10参照)

Step10

イラストを挿入・削除する

テンプレートにイラストを挿入したり、削除してみましょう。

1. イラストの挿入

① イラストを挿入したい場所の近くで、テキストボックス以外の場所をクリックします。

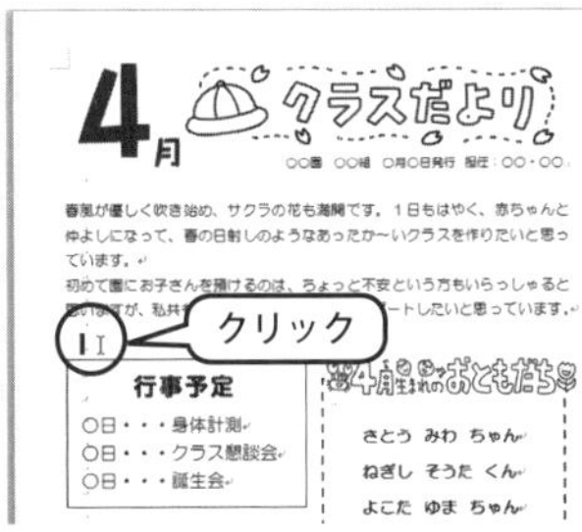

②「挿入」タブの「図」ボタンをクリックします。

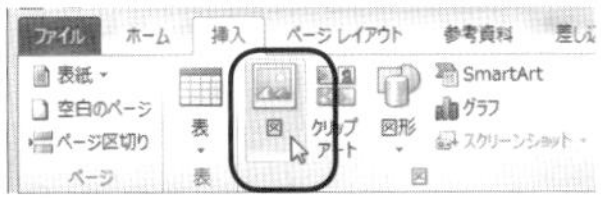

③「図の挿入」の画面が表示されるので、挿入したいイラストを選択して「挿入」ボタンをクリックします。

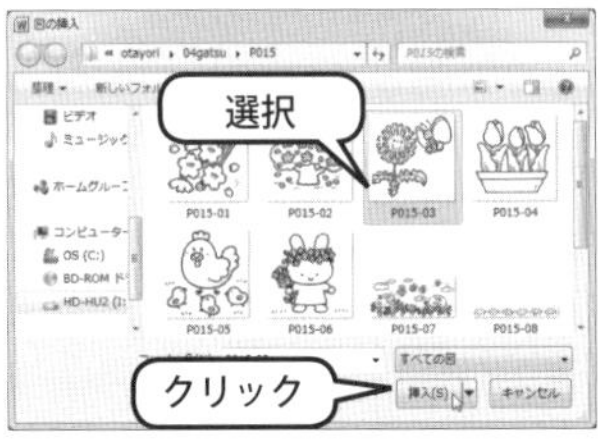

2003

「挿入」メニュー「図」－「ファイルから」を選択します。

mac 2011

「ホーム」タブの「挿入」－「図」の▾をクリックして「ファイルからの画像 ...」から選択します。

2. イラストの位置を調整する

イラストが挿入された直後は、右図のように一時的にレイアウトが崩れることがあります。イラストの設定を変更しましょう。

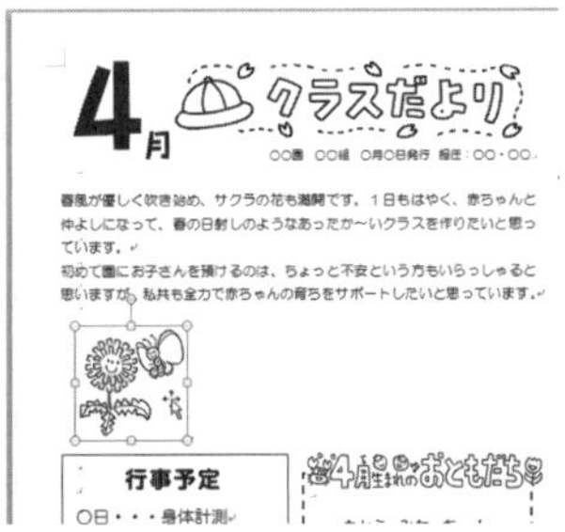

「図ツール」の「書式」タブの「配置」グループにある「文字列の折り返し」をクリックして「前面」を選択します。

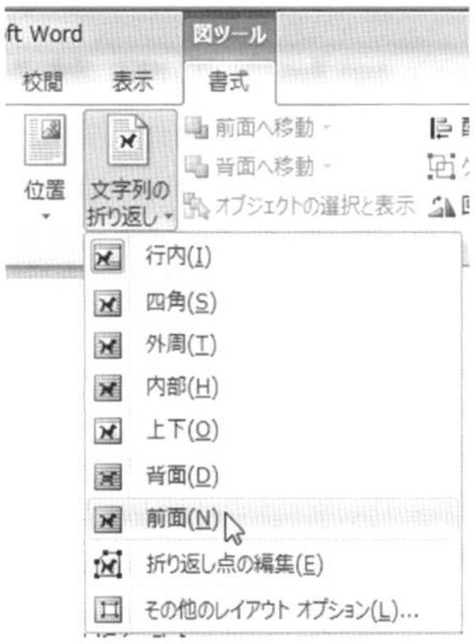

「前面」は、テキストボックスや他のイラストに関係なく、自由に移動できる設定です。サイズも変更してレイアウトしてみましょう。

※ 「文字列の折り返し」の詳細については、P172「テキストボックスやイラストの文字列の折り返し」を参照してください。

2003

イラスト選択中は、「図」ツールバーが表示されます。「テキストの折り返し」ボタンをクリックして「前面」を選択します。

3. イラストの削除

削除したいイラストをクリックして選択し、「Delete」キーを押します。

Step11

囲みイラスト付き文例を挿入する

CD-ROMに収録されている「囲みイラスト付き文例」の使い方を説明します。

CD-ROMに収録されている「囲みイラスト付き文例」は、イラストとテキストボックスを組み合わせて作成されています。例として、編集中のWord文書が開いていることを前提に説明します。次の手順でご利用ください。

① 編集中のWord文書の「囲みイラスト付き文例」を挿入したい場所をクリックします。

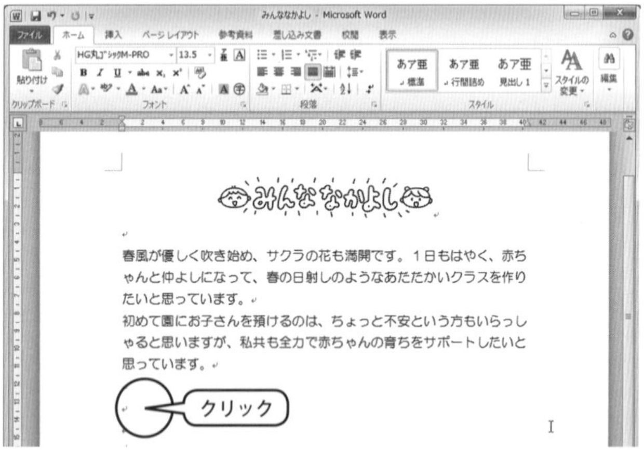

② 編集中のWord文書の「ファイル」タブをクリックして、「開く」をクリックします。

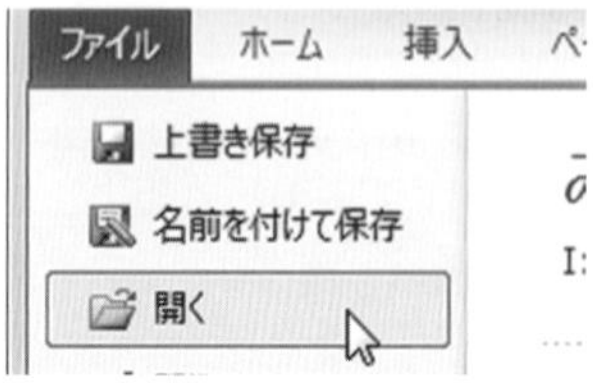

③「ファイルを開く」の画面が開くので、CD-ROMから囲みイラスト付き文例を選択し、「開く」ボタンをクリックします。

④「囲みイラスト付き文例」が開きました。テキストボックスの内部をクリックします。

★ ④図のように複数のテキストボックスが表示された場合は、一番外の枠をクリックして選択します。

⑤「Shift」キーを押しながらイラストをクリックすると、テキストボックスとイラストの２つを選択することができます。

⑥「ホーム」タブの「コピー」ボタンをクリックします。

⑦ 画面下のWordボタンにマウスポインターを合わせて、先に開いていた文書をクリックします。

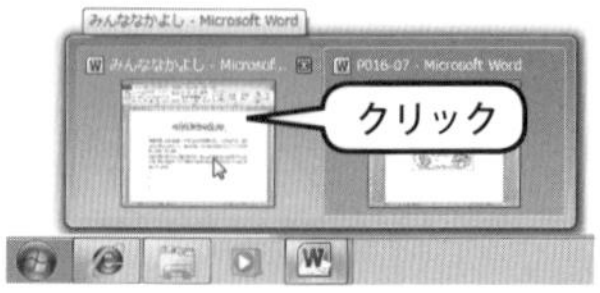

⑧ 画面が最初の文書に切り替わったら、「ホーム」タブの「貼り付け」ボタンをクリックします。

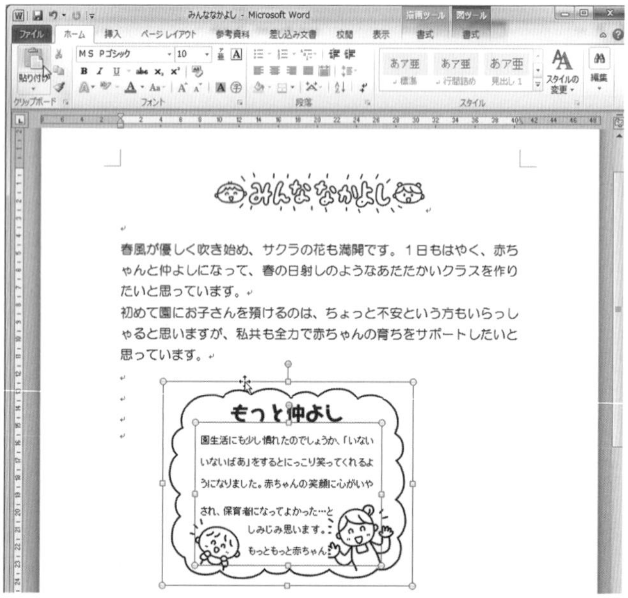

★ これで、「囲みイラスト付き文例」が利用できるようになりました。移動したり、サイズを変えてレイアウトしてください。

Step12
上書き保存する

テンプレートの編集中にも「上書き保存」しておくと安心です。

突然パソコンが動かなくなったり、うっかり電源を切ってしまったり…このような不慮のアクシデントに備えて、テンプレートを編集中には、たびたび「上書き保存」をしておきましょう。

「上書き保存」は、画面の左上にある「クイックアクセス ツールバー」の「上書き保存」ボタンをクリックします。

2003

画面左上の標準ツールバーにある「上書き保存」ボタンをクリックします。

mac 2011

画面左上の標準ツールバーにある「上書き保存」ボタンをクリックします。

Step13
印刷する

編集したテンプレートを印刷しましょう。

1. 印刷プレビューで印刷イメージを確認

プリンタで印刷する前に、「印刷プレビュー」を使って印刷イメージを確認しましょう。
「ファイル」タブをクリックし、次に「印刷」をクリックすると、印刷イメージが表示されます。

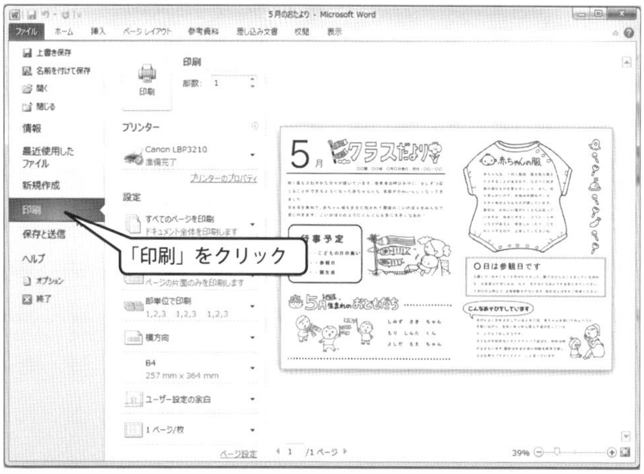

2007

「Office ボタン」をクリックし、「印刷」－「印刷プレビュー」を選択すると「印刷プレビュー」画面が開きます。
下図が「印刷プレビュー」です。確認ができたら、「印刷プレビューを閉じる」をクリックします。（この画面の「印刷」ボタンを押しても印刷できます。）

2003

標準ツールバーにある「印刷プレビュー」ボタンをクリックするか、「ファイル」メニューの「印刷プレビュー」を選択します。

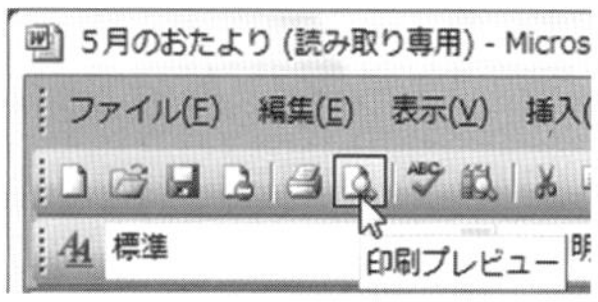

mac 2011

「印刷プレビュー」で印刷イメージを確認する場合はツールバーにある「ファイル」から「プリント」ボタンを選択するとプリントの画面が表示されます。画面下の「プレビュー」を選択すると印刷イメージが表示されます。

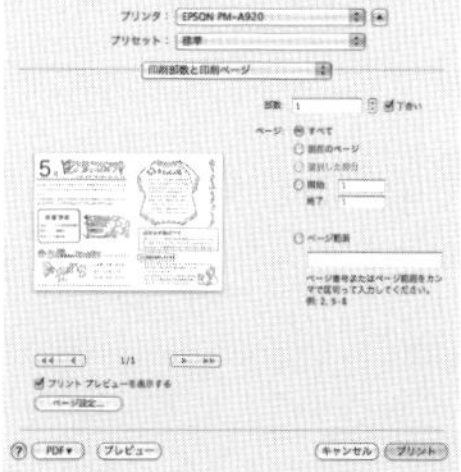

2. 印刷する

印刷プレビューで印刷イメージを確認したら、実際にプリンターで印刷しましょう。

① 「ファイル」タブをクリックして、次に「印刷」をクリックすると下図の画面が表示されます。

② 部数などを設定したら、「印刷」ボタンをクリックします。

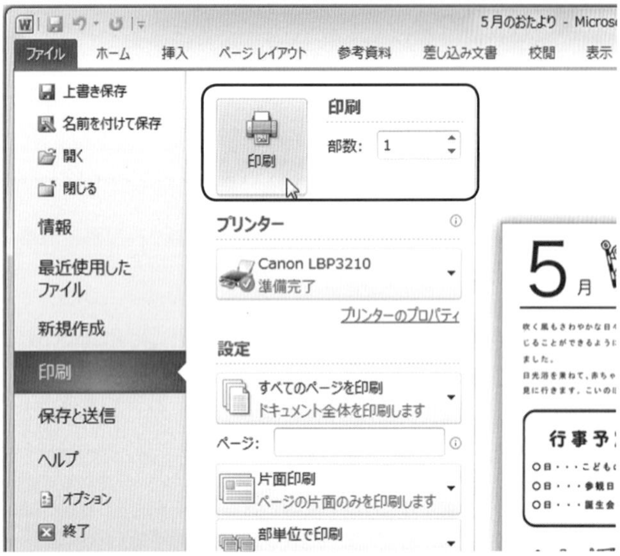

ワンポイント！－拡大・縮小印刷

B4 サイズで作成したおたよりを A4 プリンタで印刷する場合は、「印刷」のオプションで用紙サイズを「A4」に指定すると、自動的に縮小して印刷します。
それを原稿にして拡大コピーしてください。

Word 2007 以前では、「印刷」の画面の「拡大 / 縮小」オプションで用紙サイズを選択してください。

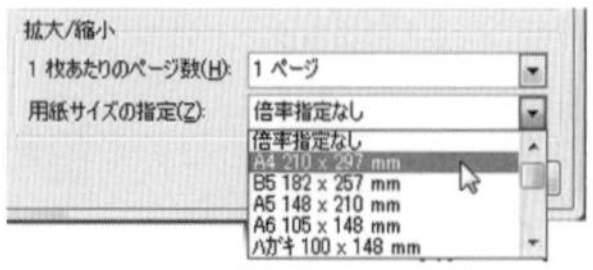

2007

① 「Office ボタン」をクリックしてメニューから「印刷」をクリックします。

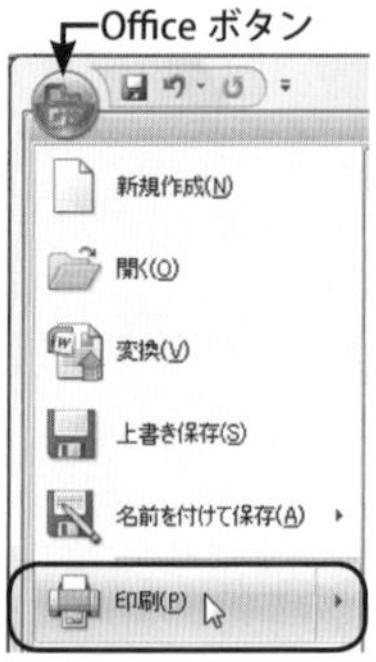

② 「印刷」の画面（下図）が開きます。プリント枚数は、「部数」で指定します。設定ができたら、「OK」ボタンをクリックすれば印刷が開始されます。

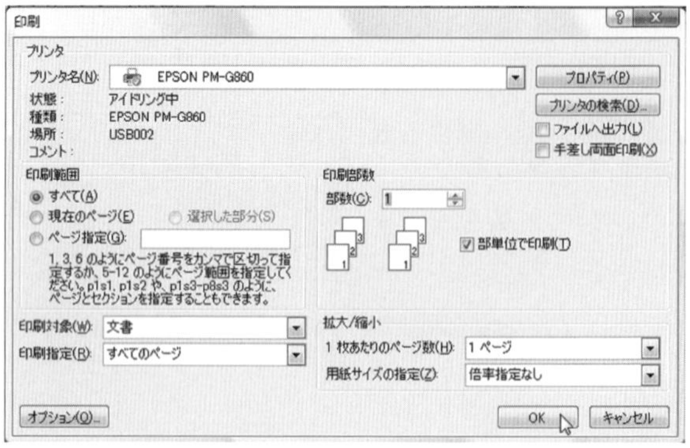

2003

「ファイル」メニューから「印刷」を選択すると「印刷」の画面が表示されます。設定方法は Word 2007 と同様です。

mac 2011

① ファイル メニューの「プリント」をクリックします。

② プリンタ ポップアップ メニューで、使用するプリンターを選択します。

③ プリントするページ数などオプションを選択して、「プリント」をクリックします。

発展編 ステップアップ！知って得するおたより作成のコツ

おたよりを作るときに便利な機能をご紹介します！

新規にオリジナル文書を作る

Word を起動したらまず、新規文書の用紙サイズや用紙の向き、文書の構成など基本のレイアウトを設定しましょう。

1. Word を起動する

① デスクトップの「スタート」ボタンをクリックして、スタートメニューに Word が表示されている場合はクリックします。表示されていない場合は、「すべてのプログラム」をクリックして「Microsoft Office Word」を選択します。

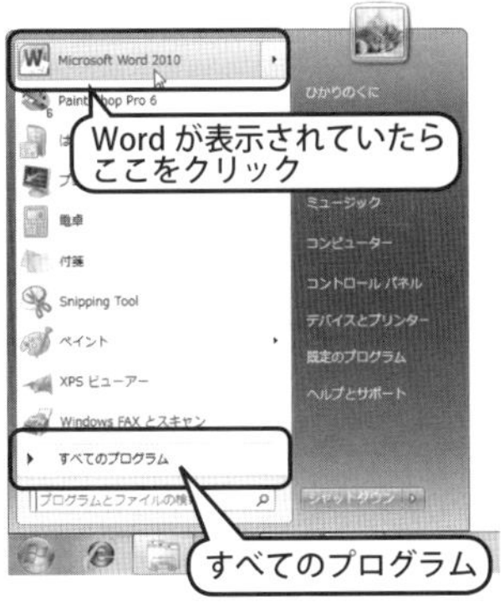

★ インストールの方法によって、「すべてのプログラム」で表示される内容は異なります。

② 新規文書（文書１）が表示されます。

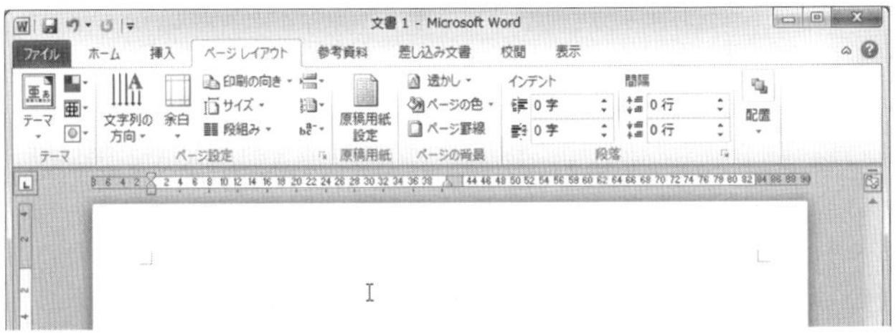

mac 2011

① Mac OS X Dock で Word を クリックして起動します。

②「ファイル」メニューの「新規作成」をクリックすると新しい空白の文書が表示されます。

2.「ページ設定」の画面を開く

Word の既定は、A4 用紙・縦です。ページ設定は、いつでも変更できますが、最初に決めておくとレイアウトしやすくなります。

① リボンの「ページレイアウト」タブをクリックし、「ページ設定」グループ右下のボタン をクリックします。

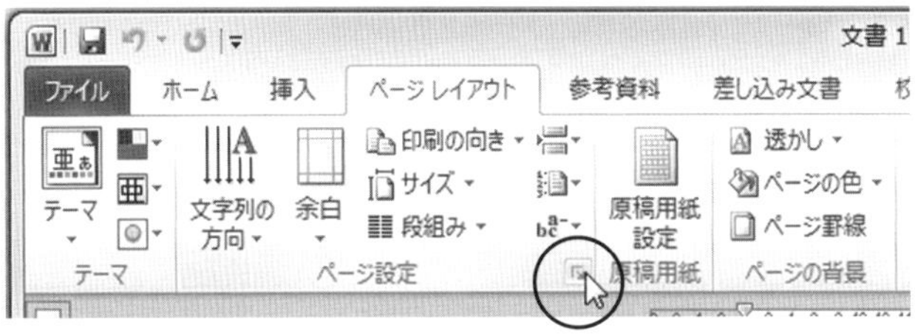

★「ページ設定」グループの各ボタンでも設定できますが、「ページ設定」の画面を使用すると一度に複数の設定ができます。

2003

「ファイル」メニューから「ページ設定」をクリックします。（右図）

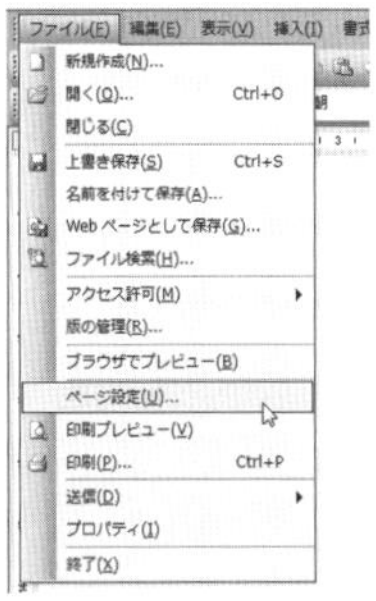

mac 2011

「ファイル」メニューから「ページ設定」をクリックします。

3. 用紙サイズを決める

「ページ設定」の画面の「用紙」タブをクリックします。

「用紙サイズ」ボックスをクリックして用紙サイズを選択します。

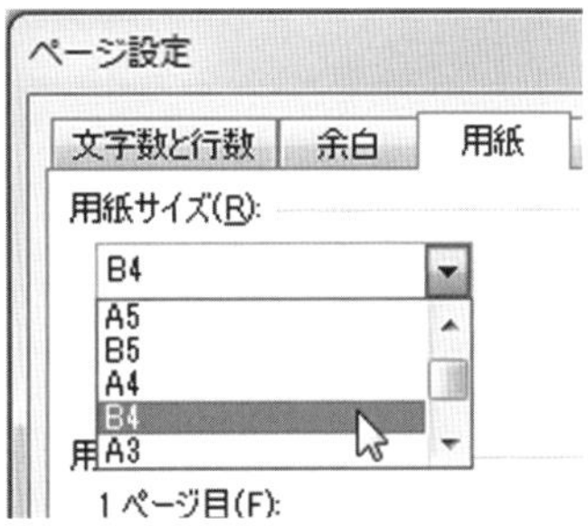

4. 余白と印刷の向きを決める

①「ページ設定」画面の「余白」タブをクリックします。

②「印刷の向き」オプションで用紙の方向をクリックします。B4 用紙、横置き、2 段組の場合は「横」を選択します。

③「余白」を mm 単位で設定します。上下左右のボックスに直接入力するか、 をクリックして数値を設定します。

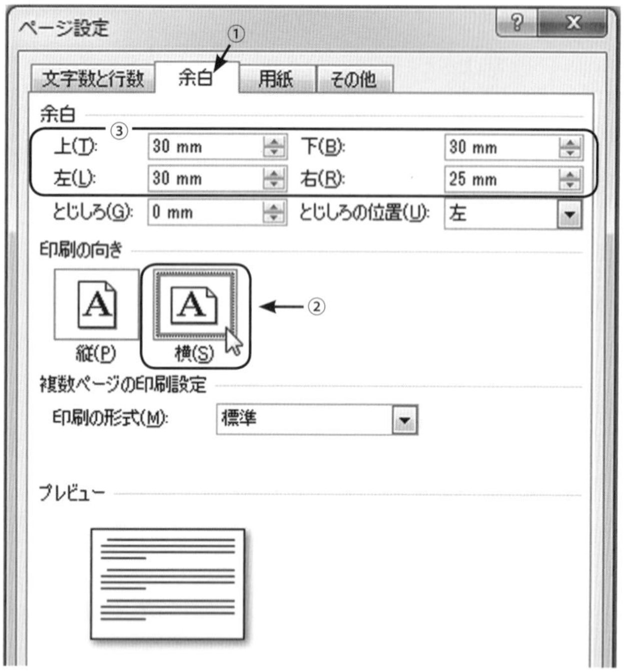

ワンポイント！ −段組み設定

「クラスだより」のように、用紙を横向きにして、左右にページを分けるには、「ページ設定」で「段数」を「2」に設定します。段と段の間隔を調整するには、「レイアウト」タブの「ページ設定」グループの「段組」をクリックして「段組の詳細設定」を選択すると、下図の「段組み」の画面が開きます。

「段の幅と間隔」オプションは、文字数の 他、「30mm」 というように単位を入力して設定することができます。

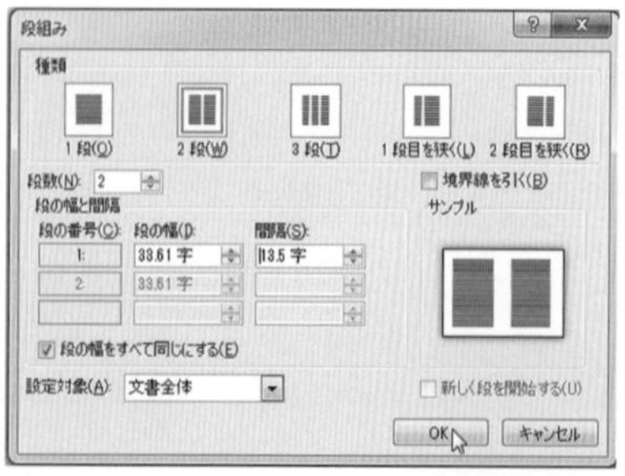

5. 文字の方向と段組数を決める

「ページ設定」画面の「文字数と行数」タブをクリックし、次のような設定をします。

①【文字方向】
方向　縦書きか横書きを選択します。
段組　既定値は「1」段ですが、左右の 2 段組にする場合は、「2」に設定します。

②【文字数と行数の指定】
既定値は「行数だけを指定する」が選択されているので、下の「行数」が設定可能になっています。

③【文字数】
「文字数と行数を指定する」を選択すると入力可能になります。ここでの設定で、基本の文字間隔が決まります。

④【行数】
ここでの設定で、行間（行と行の間隔）が決まります。

⑤【フォントの設定】ボタン
クリックすると、基本のフォントとフォントサイズなどを設定できる画面が表示されます。

設定が終わったら「OK」ボタンをクリックします。

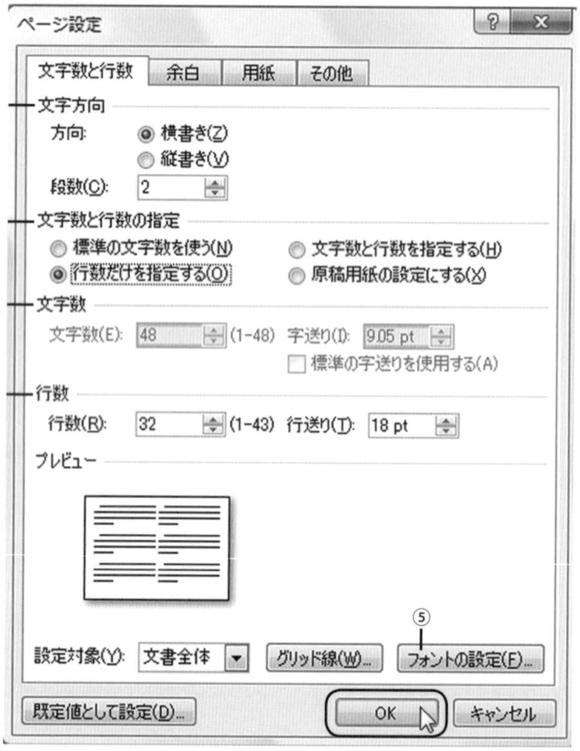

★ これで基本の形ができあがりました。
P158 ～ P168 を参照して、文字やイラストをレイアウトしてオリジナルおたよりを作ってくださいね！

テキストボックスを使いこなそう

テキストボックスは、本文の文章とは別に、好きな場所に囲み文を配置できる便利な図形のひとつです。

1. テキストボックスの新規作成

① リボンの「挿入」タブにある「図形」ボタンをクリックし、リストから「基本図形」グループの「テキストボックス」をクリックします。

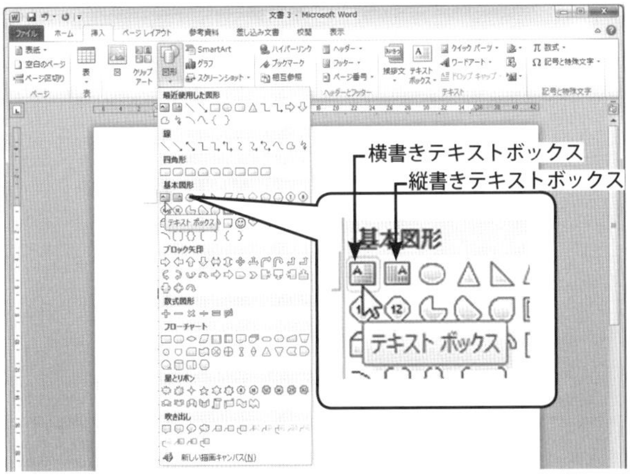

★「挿入」タブの「テキスト」グループにある「テキストボックス」は、書式設定済みのテキストボックスを選ぶことができます。

② マウスポインタが＋に変化するので、テキストボックスを作りたい場所をクリックしたまま右下方向にドラッグし、適当な大きさになったら指を離します。

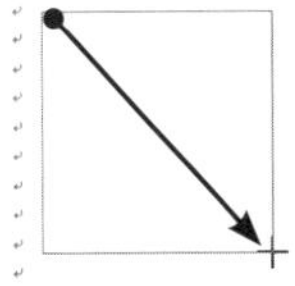

★ 「Shift」キーを押しながらドラッグすると正方形を作ることができます。

2003

①「挿入」メニューから「テキストボックス」－「横書き」または「縦書き」を選択します。

② 右図のような描画キャンパスが表示されるので「Esc」キーを押して削除します。

③ テキストボックスを描画します。

「Esc」キーを押す

mac 2011

ホーム タブの「挿入」で「テキストボックス」の▾をクリックし、「横書き」または「縦書き」を選択します。

2. テキストボックスの書式設定

テキストボックスが選択されていると、リボンに「描画ツール」の「書式」タブが表示され、外枠の線種を変えたり、影を付けたりするなどの書式を設定することができます。

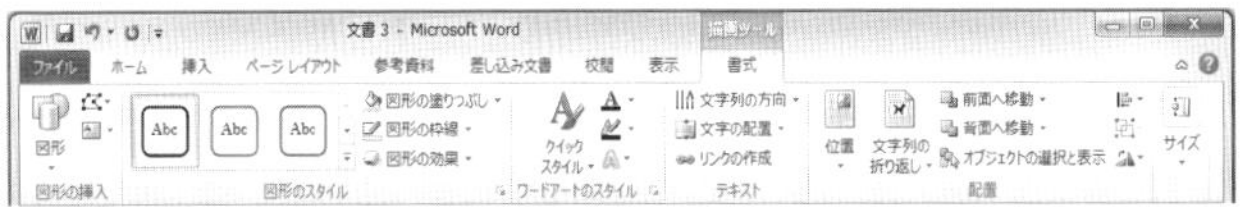

2007

Word 2010 の「互換モード」と Word 2007 では、テキストボックス選択中はリボンに「テキストボックス ツール」が表示されます。

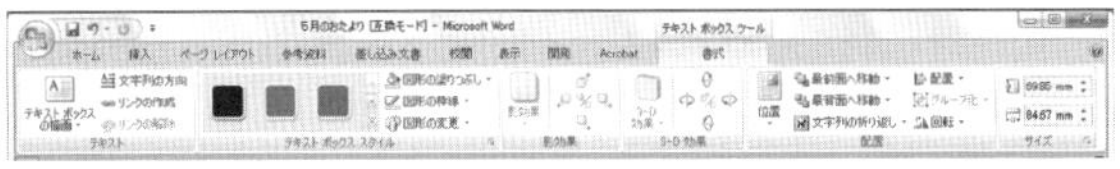

2003

テキストボックスの外枠をダブルクリックすると「図の書式設定」の画面が表示されます。

mac 2011

テキストボックスを選択し、「図の書式設定」タブをクリックします。

3. テキストボックスの枠線を消す

① テキストボックスを選択します。

② リボンの「描画ツール」の「書式」タブの「図形の枠線」をクリックし、「線なし」を選択します。

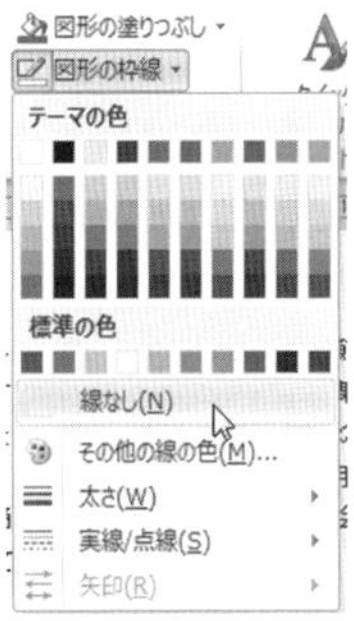

2003

テキストボックスの外枠をダブルクリックして「図の書式設定」の画面を表示し、「色と線」タブ「色」の▾をクリックして「線なし」を選択します。

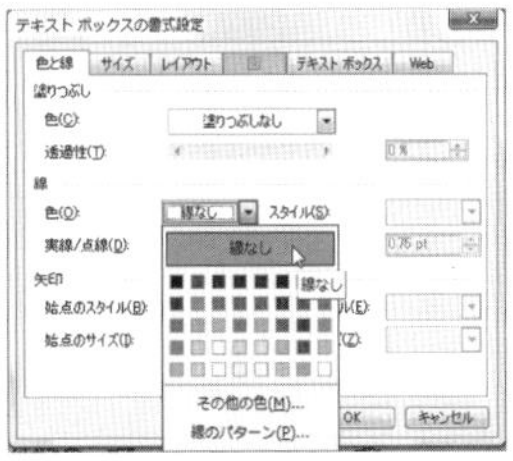

mac 2011

テキストボックスを選択し、「図の書式設定」タブをクリックします。「テキストボックスの色」にある「図形の枠線」の▾をクリックして「線なし」を選択します。

4. テキストボックスの削除

テキストボックスのを外枠をクリックして「Delete」キーを押します。

5.「吹き出し」の作り方

「挿入」タブの「図形」ボタンのリストには、いろいろな図形が並んでいます。

「吹き出し」グループの図形は、テキストボックスと同じ操作で作成し、中に文字を入力することができます。

① 「挿入」タブの「図形」ボタンのリストから「吹き出し」の図形をクリックします。

② マウスポインタが＋に変化するので、作りたい場所をクリックしたままマウスを右下方向にドラッグし、適当な大きさになったら指を離します。

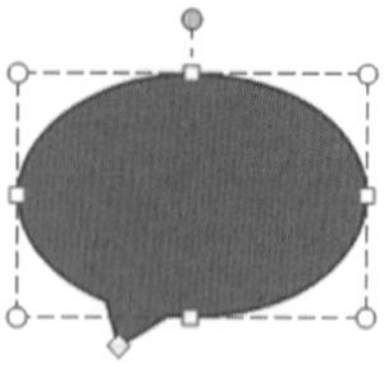

③ 文字入力のカーソルが点滅しているので、文字を入力します。

③ 「図形のスタイル」グループのツールで枠線や塗りつぶしなどの書式を変更します。

★ 互換モードの場合または Word 2007 は「テキストボックス スタイル」

④ 吹き出し口の黄色いハンドル◇をクリックして任意の方向にドラッグします。

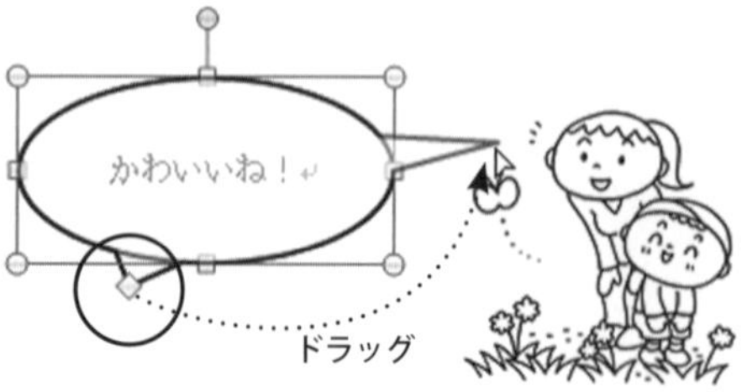

6. 図形に文字を入力する

「吹き出し」以外の図形に文字を入力するには、図形の上でマウスの右ボタンをクリックし、メニューから「テキストの追加」を選択します。図形内にカーソルが点滅し、文字を入力できるようになります。

2003

画面下にある「図形描画」ツールバーの「オートシェイプ」をクリックして図形を選択します。

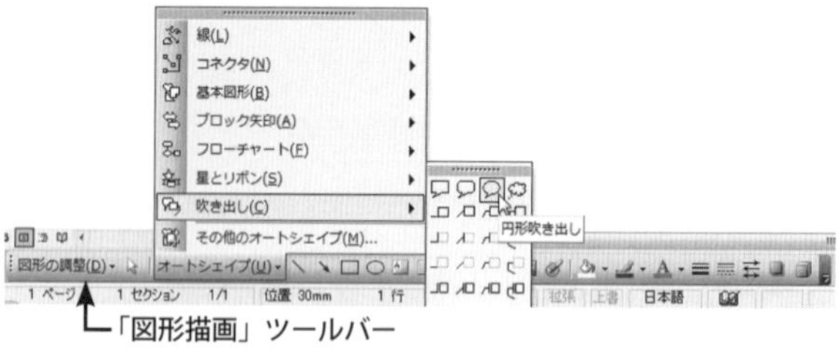

mac 2011

「ホーム」タブの「挿入」にある「図形」の▾をクリックして図形を選択します。

テキストボックスやイラストの文字列の折り返し

「文字列の折り返し」は、イラストやテキストボックスなどの図と文字とのの関係を設定するものです。イラストなどの図を挿入した場合は、「行内」が既定となっています。

※ Word 2003 以前は「テキストの折り返し」と呼びます。

【行内】

図を文字と同じように扱います。文章中に図を挿入したり、段落設定の「中央揃え」や「右揃え」などが使えます。

【四角】

文字列が図の周囲を四角く囲むように沿って配置されます。テキストボックスを使わずに、Word に直接文字を入力した場合によく使用されます。

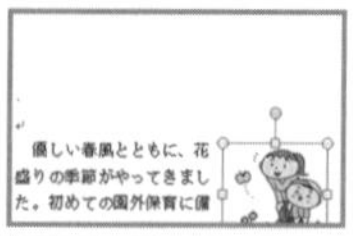

【外周】

文字列が図の形状に沿って配置されます。外周は、「文字列の折り返し」メニューにある「折り返し点の編集」で調節することができます。

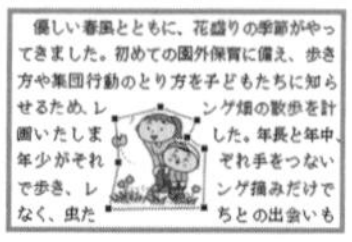

【背面】

図が文字列の背面に配置されます。背面に指定すると、クリックして選択しにくくなるので、文書作成の最後に指定しましょう。

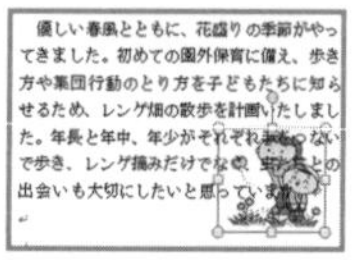

【前面】

図が文字の前面に配置されます。文字や段落に影響されないので、自由にレイアウトできます。CD-ROM に収録されているテンプレートのイラストは、ほとんど「前面」に設定されています。

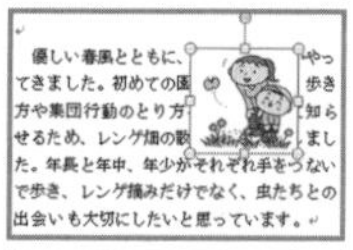

【上下】

文字列が図の上下に分かれて配置されます。

【内部】

図が「外周」と同じように配置されますが、「折り返し点の編集」でイラスト内部にも文字列を表示できます。

イラストや写真をトリミングする

図や写真などの不要な部分を取り除くことを「トリミング」と呼びます。Word の「図ツール」を使えばカンタンです！

① トリミングしたい図や写真を選択し、「図ツール」の「書式」タブをクリックします。

② 「サイズ」グループの「トリミング」ボタンをクリックすると、図にトリミング ハンドルが表示されます。

③ ハンドルにポインタを合わせるとポインタの形が変化するので、トリミングしたい部分までドラッグします。

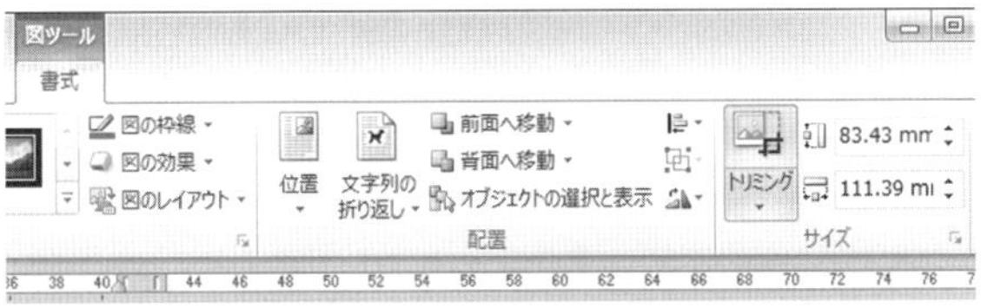

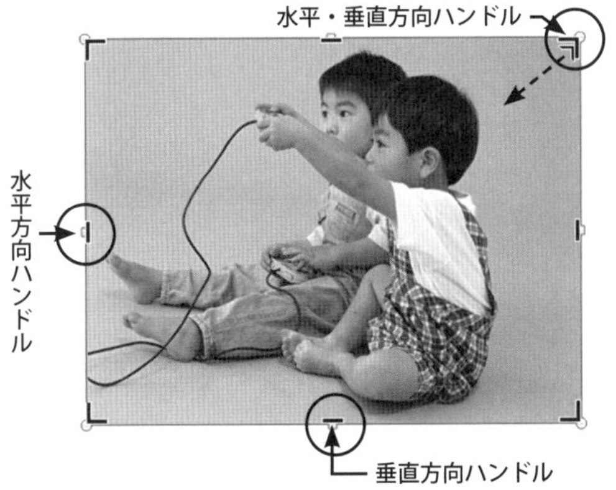
水平・垂直方向ハンドル
水平方向ハンドル
垂直方向ハンドル

④ 右図は、トリミングができた状態です。

⑤ リボンの「トリミング」ボタンをクリックするか、図以外の場所をクリックするとトリミングが確定します。

2003

図を選択したときに表示される「図」ツールバーの「トリミング」ボタンをクリックします。

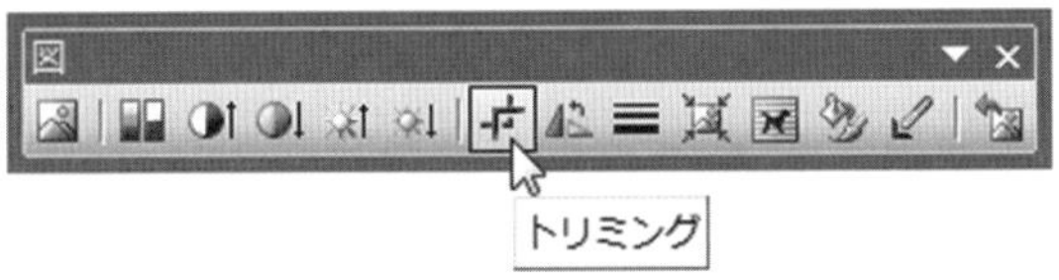
図
トリミング

図の背景色を削除する

CR-ROM に収録されているイラストには、白の背景色がついています。色のついた図形と重ねる場合などは、背景色を透明化して削除することができます。

①背景を削除する図を選択します。②「図ツール」の「書式」タブ「調整」グループの「色」をクリックし、③「透明色を指定」を選択します。マウスポインタが ✐ に変化するので、④イラストの背景の白い部分をクリックします。

②クリック
①クリック
③クリック
④クリック

★ 透明にできる色は 1 色のみです。
★ Word 2010 では、「背景の削除」ツールで削除領域を詳細に設定することができます。

2007

「図ツール」の「書式」タブ「調整」グループにある「色の変更」をクリックします。「透明色を指定」を選択して、背景の白い部分をクリックします。透明色にできるのは 1 色のみです。

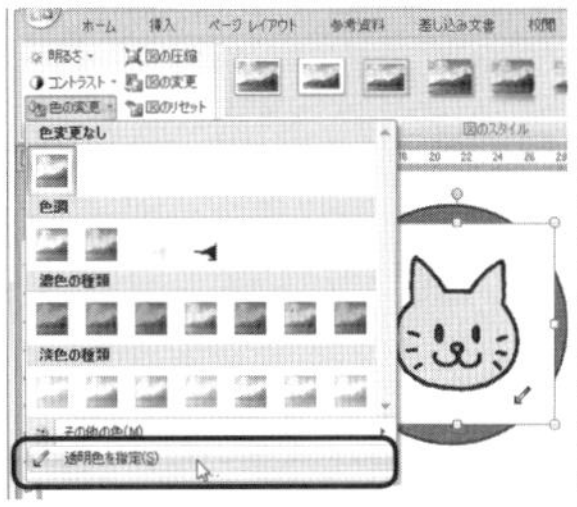

2003

「図」ツールバーの「透明な色に設定」をクリックし、背景の白い部分をクリックします。透明色にできるのは 1 色のみです。

mac 2011

「図の書式設定」タブの「調整」▾にある「透明色の指定」をクリックします。

Wordのギモン Q&A

Wordを使っているときに出てくるふとした「ギモン」に、ズバリお答えします！

Q1 フォルダのアイコン表示を変えたい

A1 フォルダウィンドウ内のアイコン表示は、メニューの「表示」ボタンで切り換えることができます。ここでは「並べて表示」で説明しています。

Windows Vista

フォルダウインドウのツールバーの「表示」ボタン横の ▼ をクリックして「並べて表示」を選択します。

Windows XP

フォルダウインドウのツールバーにある「表示」ボタンをクリックして、「縮小版」に指定するとイラストを表示できます。

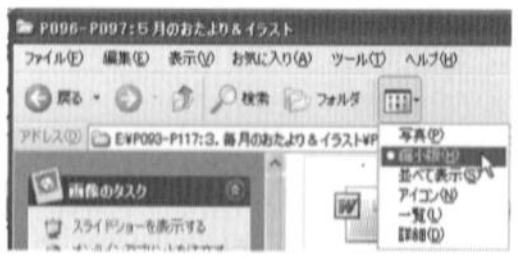

Mac OS X

Finder ウインドウのツールバーにある「アイコン表示」をクリックします。

Q2 ひとつ前の操作に戻りたい

A2 クイックツールバーにある「元に戻す」ボタン をクリックするたびに、ひとつ前の状態に戻すことができます。また、 をクリックすると、元に戻した操作をやり直すことができます。ボタン横の ▼ をクリックすると、過去の操作の履歴を確認しながら元に戻したり、やり直すことができます。

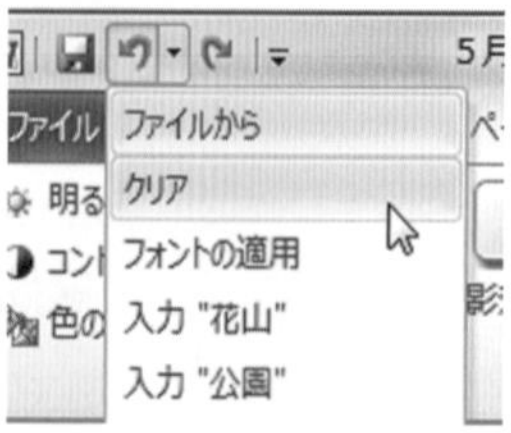

2003

標準ツールバーの「元に戻す」・「やり直す」ボタン

mac 2011

タブの上にある「標準」ツールバーの「元に戻す」・「やり直す」ボタン

Q3 用紙のサイズを確認したい

A3 リボンの「ページレイアウト」タブの「ページ設定」グループにある「サイズ」ボタンをクリックすると、設定されたサイズの左側がオレンジ色になっています。

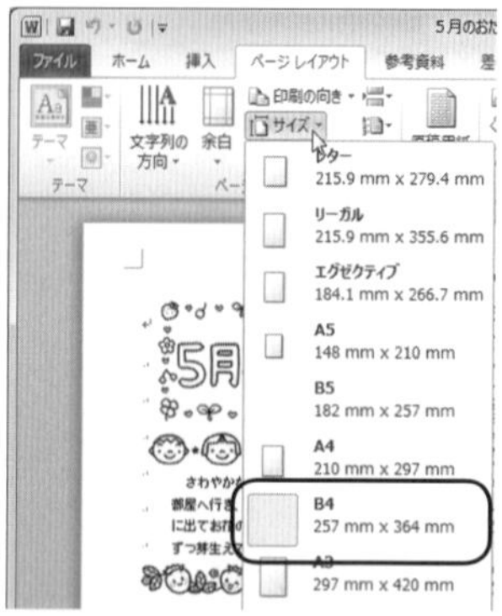

2003 / mac 2011

「ファイル」メニューから「ページ設定」を選択すると、「ページ設定」の画面が表示されます。「用紙」タブに切り替えて用紙サイズを確認します。